이영주 CFP의

실전 **재무설계
길라잡이**

실전 재무설계 길라잡이

초판 1쇄 인쇄   2011년 11월 25일
초판 1쇄 발행   2011년 11월 30일

지 은 이   이영주
펴 낸 이   방은순
펴 낸 곳   도서출판 프로방스
북디자인   DesignDidot 디자인디도
마 케 팅   최관호

주   소   경기도 고양시 일산동구 백석2동 1330번지
             브라운스톤일산 102동 913호
전   화   031-925-5366~7
팩   스   031-925-5368
E - m a i l   Provence70@naver.com
등록번호   제313-제10-1975호
등   록   2009년 6월 9일
I S B N   978-89-89239-61-1 (03320)

이영주 CFP의

실전 **재무설계 길라잡이**

이영주 지음

프로방스

재무설계는 정말 어려운 분야일까?

오늘 이 시간에도 금융권에 종사하는 수많은 사람들이 재무설계사가 되기 위해 준비하고 있다. AFPK나 CFP 등의 자격에 도전하기도 하고 투자, 세금 분야에 대한 공부를 하며 보다 많은 지식을 갖추기 위해 노력한다. 그런데 준비하면 할수록 재무설계라는 것이 생각보다 쉽지 않다는 것을 느끼게 된다. 재무설계를 하고 있는 사람이나 재무설계를 시작하려고 하는 사람이나 대부분 여러가지 문제점과 고민거리에 직면하게 된다.

- 고객에게 인정받으려면 재무설계를 하긴 해야겠는데 아는 게 있어야지…
- 투자, 세금, 보험, 부동산, 은퇴, 상속, 증여… 이 많은 분야를 어떻게 다 공부하나?
- 주변에 보니 공부하는 사람 치고 일 잘하는 사람 없던데 재무설계 한다고 해

서 일이 더 잘 될까?

- 내가 제안하는 재무설계 포트폴리오가 과연 고객에게 도움이 되는 것일까?
- 알지도 못하는 재무설계를 하느니 그냥 하던 대로 상품이나 파는 게 맘 편하지 않을까?

이런 고민을 하는 사이에 고객과 상담하는 시간은 줄어들고 자연히 결과도 나오지 않게 된다. 그런데 이것은 재무설계에 대한 잘못된 인식에서 비롯된 것이다. 재무설계에 대한 오해에는 다음과 같은 것들이 있다.

- 재무설계를 하게 되면 고객의 모든 재무적인 문제를 해결해 줘야 한다.
- 고객의 자산증식을 위해 좋은 투자처를 고르고 각종 투자기법을 연구해서 높은 투자 수익을 올려 주어야 한다.
- 경제 관련 각종 정보를 수집해서 시장을 전망할 수 있는 능력을 갖춰야 한다.
- 세무사, 회계사들도 잘 모르는 각종 절세 전략을 연구해서 고객에게 알려 줘야 한다.
- 고객의 재무상태 분석을 위해 각종 툴을 이용한 분석 능력이 필요하고 따라서 재무계산기나 컴퓨터 활용에 능숙해야 한다.
- 실행 여부는 고객이 선택하는 것이고 재무설계사는 상품 권유나 판매와 연결시켜서는 안된다.

이런 오해들로 인해 많은 사람들이 재무설계를 어렵고 도움이 안되는 분야라고 생각하게 된다. 그런데 이러한 오해들의 원인은 바로 모든 문제의 답을 지식(知識)에서 찾기 때문이다.

아래 제기하는 질문들에 대해 한 번 진지하게 고민해 보자.

- 사람을 만나지 않고 현실은 무시한 채 책상 앞에서 공부만 한 사람이 과연 전문가일까?
- 공부를 열심히 하면 미래를 예측할 수 있을까?
- 그렇게 해서 얻은 지식과 정보를 알려준다고 해서 고객이 부자가 될까?
- 각종 분석 자료와 전문적인 내용을 담은 복잡한 보고서를 고객이 이해할 수 있을까?
- 재무상태의 문제점만 알려주고 실행을 시키지 않는다면 그 고객의 인생에 변화가 있을까?

세상은 변한다. 오늘 통용되는 지식이 내일도 적용되리라고 누구도 확신할 수 없다. 따라서 복잡하고 급변하는 지식과 정보 속에서 답을 찾으려 하고, 그 답을 복잡하고 어려운 용어를 통해 고객에게 전달한다면 재무설계사도 힘들고 상담을 받는 고객도 이해가 어려울 뿐이다.

또한 아무리 좋은 재무설계 보고서도 실행하지 않으면 무의미하다. 잠깐 동안 고개를 끄덕이게 할 수는 있을지언정 고객의 인생에 아무런 긍정적인 변화도 주지 못한다. 그저 내일이면 잊어버릴 이야기 한 마디를 들었을 뿐이다.

이렇게 재무설계가 진행된다면 효과적인 상담, 좋은 재무설계가 이루어질 리 만무하고 따라서 고객도 행복한 인생과 거리가 멀어질 뿐이다.

사실 우리가 찾고자 하는 모든 답은 책과 지식 속에 있는 것이 아니라 삶의 현장 속에 있다. 좋은 책 또한 책상에 앉아 고민한다고 해서 만들어지는 것이 아니라 현장의 수많은 경험을 옮겨 놓아야 정말 값진 책이 탄생하게 된다.

정말 좋은 재무설계사가 되고 싶다면 지식을 쌓기 이전에 현장에서 수많은 고객과 상담 경험을 쌓는 것이 더욱 중요하다. 현장에서 경험한 한 고객의 실패 사례가 다른 고객에게 교훈이 되고, 한 고객의 성공 사례가 다른 고객에게 실행 지침이 된다. 이렇게 수많은 사람을 상담하다 보면 삶의 일정한 원칙을 발견하게 되는데 이것이 재무설계사의 철학이 되고 또 교재로 쓰여져 지식화 되는 것이다.

결국 많은 경험이 중요한데 많은 상담을 경험하려면 쉽게 시도할 수 있어야 한다. 처음부터 너무 어려운 내용을 접해서 도전조차 어렵게 느낀다면 재무설계를 시작조차 할 수 없을 것이다. 공부하고 준비하는 것에 많은 시간이 소요된다면 고객과 상담하는 시간이 줄어서 많은 경험을 쌓을 수 없을 것이다. 더군다나 복잡한 내용을 설명하다 고객으로부터 거절을 당한다면 의욕이 떨어져서 중도에 포기하게 될 것이다.

따라서 재무설계의 기초 학습과정은 이해하기 쉽고 활용하기 편하게 이루어져야 한다. 재무설계사가 쉽게 이해할 수 있다면 그 재무설계사에게 상담 받는 고객도 쉽게 이해할 수 있을 것이다. 물론 시간이 흐르면서 일정한 지식을 함양해야 하고 지식과 경험이 쌓이면서 전문적인 재무설계사가 되어 가겠지만 처음부터 책상에 앉아서 모든 것을 공부하고 준비해서 시작하려 한다면 결국 시도조차 해보지 못하고 도태될 가능성이 크다.

이 교재는 재무설계를 시도하면서 많은 고민을 하고 있는 재무설계사들에게 보다 쉽고 보다 간편한 방법으로 재무설계를 실행할 수 있도록 도움을 주기 위해 만들었다. 재무설계 프로세스 6단계를 원칙대로 준수하면서도 재무설계 교재들의 이론적이고 딱딱한 내용이 아닌 현장에서 바로 적용할 수 있는 생생한 내용들을 담았다. 필자가 5년여 동안 재무설계 상담을 하면서 경험한 내용들을 바탕으로 '어떻게 하면 고객을 상담 테이블에 앉힐까?', '어떻게 하면 고객의 마음을 움직여서 재무설계를 실행하도록 할까?'에 대한 실제적인 답을 제시하고자 했다.

물론 상황에 따라서는 미처 고려하지 못한 부분도 있을 수 있고 일부 재무설계사들의 의견과 차이가 있을 수도 있다. 그래서 최대한 객관적이고 합리적인 관점에서 기술하였고, 시대의 유행을 타는 내용이 아니라 언제 어느 때 읽어도 공감할 수 있는 기준을 제시하려고 노력했다.

모쪼록 이 교재를 활용하는 재무설계사 모든 분들이 재무설계 프로세스를 쉽고 명쾌하게 정립하여 재무설계사로서의 자신감과 희망을 가지길 바란다. 더불어 재무설계 상담을 받는 모든 고객분들께 보다 더 행복한 미래가 펼쳐지기를 진심으로 기대한다.

끝으로 개인적인 강의 교재이던 이 책이 세상에 나올 수 있도록 도와주시고 더 많은 사람들이 활용할 수 있는 길을 열어주신 프로방스 조현수 사장님과 직원 여러분께 진심으로 감사드린다.

2011년 11월
국제공인재무설계사 이영주

가장 좋은 책은 기본서이고 가장 좋은 교육은
기본을 반복하는 것이다.

● ● ●

미래에 대해 해야 할 일은 예측이 아니라
그 미래를 가능하게 하는 것이다.

● ● ●

완벽함이란 더 이상 더할 것이 없는 게 아니라
무언가를 더 이상 뺄 것이 없는 것이다.

차례 •••

머리말 재무설계는 정말 어려운 분야일까?

1장 재무설계의 진정한 의미

• 지금, 재무설계를 반드시 해야 하는 이유   / 14
• 재무설계의 진정한 의미   / 19
• 재무설계의 근본 철학, 수익성이 아니라 지속성   / 24

2장 재무설계 Process 6단계

Step 1 초회 면담 (Approach) / 38
• 기존 상품 판매 시대의 초회 면담   / 40
• 재무설계 시대의 초회 면담   / 43
• 초회 면담의 완성, 관계 정립   / 56

Step 2 목표설정 및 자료수집 (Fact Finding) / 62
• Fact Finding Opening – 무엇을 도와드릴까요?   / 64
• 자료 수집의 목적   / 67
• 자료 수집 항목별 핵심 Point   / 70
• 재무목표 설정   / 107
• Fact Finding Closing – 밑그림 그리기   / 113
• 재무목표 설정 및 자료 수집 시 유의사항   / 120

Step 3 분석 및 평가   / 124
- 과거 인생의 재무성적, 재무상태표 분석   / 126
- 미래 재무상태의 선행지표, 현금흐름표 분석   / 131
- 재무목표 분석, 필요자금 및 필요저축액 파악   / 137

Step 4 재무보고서 (Financial Planning Report) 작성   / 140
- 재무보고서의 실무적 정의   / 142
- 재무보고서의 구성 순서 5단계   / 144
- 재무보고서 작성 실제 사례   / 148

Step 5 합리적인 자산 배분   / 162
- 자산 배분이 필요한 이유   / 164
- 백전백승! 시장을 이기는 자산 배분 원칙   / 168
- 10분만에 끝내는 자산 배분 방법   / 174

Step 6 모니터링   / 186
- 모니터링의 내용   / 188
- 모니터링 시 유의사항   / 190

3장 **재무설계 실전 POWER 스크립트**
- 고객 상담 실전 사례 (SBS-CNBC 머니큐 방송)   / 196
- 재무설계 상담 시 유용한 POWER 스크립트   / 211

1장

재무설계의 진정한 의미

지금, **재무설계**를 반드시 해야 하는 이유

필자가 국제공인무설계사(CFP) 자격을 취득했던 2003년 당시만 해도 재무설계라는 용어가 매우 낯선 말이었다. 그러나 최근 몇 년 새 금융업에 종사하는 사람들 대부분이 재무설계라는 용어를 사용하고 있다. 은행, 증권사의 직원들은 물론이고 대다수의 보험설계사들도 재무설계라는 용어를 활용하여 고객을 만난다.

재무설계라는 말이 신조어도 아니고, 재정설계, 재정컨설팅, 이런 비슷한 말들은 과거에도 있었는데 왜 요즘 들어 이리도 많이 쓰이는 것일까? 그 이유를 살펴보면 다음과 같다.

우리나라 금융시장의 변화를 살펴보면 재무설계의 등장 배경은 시장의 흐름에 따른 자연스러운 현상임을 알 수 있다. 다음 그림은 마케팅원론에 나오는 시장 변화 4단계인데, 어느 상품, 어느 컨셉이나 시장에 출시되면 도입-성장-성숙-쇠퇴의 변화를 겪게 된다. 그리고 각각의 진행 단계별로 사용해야 할 마케팅 전략은 달라진다.

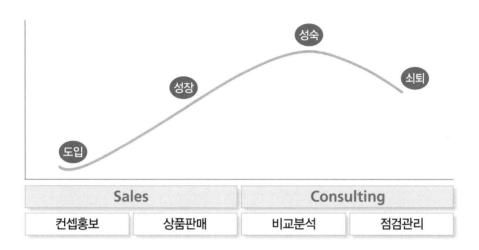

도입기

특정한 상품이 시장에 출시되면 처음 도입기에는 그 상품이 무엇인지, 어떻게 쓰는 것인지 아는 사람이 없다. 따라서 그 상품의 개념과 사용 방법에 대한 홍보가 필수적이다. 예를 들면, 핸드폰이 처음 나왔을 때 사람들은 굳이 비싼 돈을 주고 살 필요가 있을까?, 어떻게 쓰는 거지? 등등에 대해 궁금해 했기 때문에 이에 대한 홍보가 필요했다.

성장기

상품의 홍보가 잘 되어서 필요성이 인정되면 이제 본격적인 판매와 구매가 시작된다. 이 때가 성장기이다. 판매 초기에는 아무도 그 상품을 가지고 있는 사람이 없으므로 그 상품의 특징을 잘 설명하고 쉽게 구매할 수 있는 환경을 만드는 것이 가장 중요하다. 이것이 바로 Sales 전략이다. 핸드폰 시장의 성장기 역시 목 좋은 곳에 가게만 열어 놓고 간단한 설명만 잘 해도 많은 판매고를 올릴 수 있었다.

성숙기

시간이 흘러 대부분의 사람이 상품을 구매하고 나면 그 때부터는 신규 수요가 줄어드는 성숙기로 진입한다. 이 때는 신규 가입은 줄어들지만 반면 기존에 가지고 있는 상품을 교체하거나 추가로 업그레이드하는 수요가 늘어나게 된다. 따라서 이 시기에 가장 중요한 전략은 이미 보유하고 있는 것과 교체 또는 업그레이드 해야 하는 것과의 차이점을 잘 비교해 주는 것이다. 이것이 바로 컨설팅이다.

성장기에는 Sales만 잘 하면 높은 성과를 올릴 수 있지만 성숙기에는 무언가를 점검하고 비교해 주는 컨설팅 서비스를 병행하지 않으면 판매에 성공하기 쉽지 않다.

요즘 핸드폰을 구매하는 사람 중에 신규로 핸드폰을 구매하는 사람의 거의 없다. 대부분 기존의 핸드폰을 교체하게 되는데, 이 때 일반폰과 스마트폰을 비교하고, 스마트폰 중에서도 브랜드와 특징을 비교하면서 구매한다.

이처럼 성숙기 시장에서는 비교와 점검, 분석을 기반으로 하는 컨설팅 서비스가 중요시되며 현재 우리가 처한 금융시장이 성숙기에 진입해 있다. 따라서 고객의 재무상황을 분석하고 기존에 가입한 상품을 점검해서 고객에게 적합한 재무 포트폴리오를 추천해주는 서비스가 필요한데, 이것이 바로 재무설계이다.

재무설계는 금융시장이 성장, 발전하면서 고객들의 요청에 의해 자생적으로 만들어진 시장의 흐름이다. 따라서 현재 금융업 종사자들이 고객과 상담하면서 재무설계라는 단어를 사용하지 않는다면 고객으로부터 신뢰를 얻기 힘들고, 판매를 하기는 더더욱 힘든 상황이 될 것이다.

쇠퇴기

성숙기가 지나면 시장은 쇠퇴기로 진입한다. 물론 쇠퇴기로 진입한다고 해서 상품이나 컨셉이 없어지는 것은 아니다. 이 시기에도 상품을 신규로 가입하는 수요는 존재하겠지만 더 이상의 새로운 이슈도 없고 대부분 상품을 구매한 상태이므로 판매시장의 규모는 점차 축소될 수 밖에 없다.

반면 기존 가입자들은 본인들이 구매한 상품에 대한 관리와 A/S의 필요성을 느끼게 된다. 따라서 시장은 판매 시장에서 관리 시장으로 이동하게 된다. 결국 쇠퇴기의 핵심 전략은 더 좋은 관리 서비스를 제공하는 것이다.

금융시장도 마찬가지이다. 현재는 고객들이 비교, 분석을 통해 상품을 교체하고 가입하지만 시간이 지나 쇠퇴기로 들어서면 가입하고 있는 금융상품 및 고객의 재무상황에 대한 관리가 더욱 중요해질 것이다.

특히 우리나라의 인구구조 특성 상 고령화가 지속되면서 10~20년 후 우리나라는 세계 최고령 사회로 진입하게 된다. 젊은 사람들에게는 인생의 목표를 세우고 그에 맞춰 신규 상품을 가입하는 것이 중요하지만 노후를 시작한 은퇴자 계층에게는 현재 가입되어 있는 상품과 보유한 자산을 잘 관리하고 잘 쓰는 것이 중요해진다. 따라서 앞으로 우리나라 금융시장에서 자산 관리의 중요성은 더더욱 커질 수밖에 없다. 현명한 재무설계사라면 시장의 변화를 내다보고 미리 준비하는 사세가 필요하다.

요약하자면, 현재 금융시장은 고객의 재무목표를 수립해 주고 이를 달성하기 위해 점검하고 관리하는 재무설계 서비스가 요청되는 시장이다. 잘 모른다고 덮어둘 일이 아니다. 하지 않으면 점점 더 생존이 어려워질 뿐이다. 더 나아가 앞으로 펼쳐질 자산 관리 시장에서 성공하기 위해서는 재무설계에 대한 이해와 경험이 필수적이다.

시장 변화 4단계 중 어느 단계도 건너뛰어서는 안된다. 적당히 몇 년 일하다가 그만 둘 거라면 모르겠지만 재무설계를 평생의 업(業)으로 삼고 여기서 성공하고자 한다면 반드시 거쳐야 할 과정이다. 단계별로 변화에 적응하고 변화를 앞서나간다면 진정한 금융 전문가가 될 수 있을 것이다.

재무설계의 진정한 의미

재무설계란,

"인생의 재무목표를 수립하고 개인 재원의 적절한 관리를 통하여 목표를 실행하고 달성해 나가는 일련의 과정"

이라고 재무설계 교재에 명시되어 있다.

정의를 자세히 살펴보면 재무설계가 무엇을 하는 것인지 잘 알 수 있다. 개인으로 하여금 재무목표를 세우도록 도와주고 그것을 달성할 수 있도록 지원해주는 과정이나.

그런데 현실에서는 재무설계의 정의가 다르게 해석되는 경우가 종종 있다.

재무설계를 처음 시작하려는 설계사들의 경우 제일 먼저 접하게 되는 것이 바로 재무설계사 자격증, 즉 AFPK, CFP이다. 이러한 자격을 취득하기 위해 우선 학원에 등록하여 정규 과목을 수강하고 시험에 합격하여야 한다. 이 과정에서 다음 7가지 과목을 공부하게 된다.

"FP개론 및 윤리", "투자설계", "부동산설계", "세금설계", "상속설계", "은퇴설계", "위험설계"

상기 7과목을 열심히 공부한 재무설계사는 공부한 내용을 바탕으로 재무설계를 시작한다. 그리고는 재무설계 상담 분야를 투자상담, 부동산상담, 세금상담, 상속상담 등으로 분류하여 고객에게 이야기한다. 이 때 다음과 같은 문제가 발생할 수 있다.

재무설계를 처음 접하는 고객은 재무설계사의 설명을 듣고는 재무설계사가 투자와 부동산, 세금과 상속 등의 복잡한 문제를 해결해 주는 사람으로 인식할 것이다. 그리고는 종목추천, 주가예측, 부동산매매, 세금계산, 절세전략 등의 전문적인 분야를 물어볼 것이다. 그런데 이제 갓 AFPK 자격을 취득한 재무설계사가 이러한 복잡다양한 문제를 해결할 수 있을까?

수년간 투자분야에 종사해도 주가의 변동을 예측하기 어렵고, 부동산 전문가라 하더라도 특정 지역만을 알 뿐 전국의 부동산을 다 상담할 수 없다. 또한 회계사나 세무사 자격을 취득하지 않으면 세금에 대해 구체적으로 상담하기 어렵다. 하물며 AFPK, CFP 자격을 취득했다고 해서 그 모든 분야에 전문가가 되는 것은 더더욱 불가능하다.

괜히 고객의 기대치만 높인 상태에서 고객의 질문에 답변하지 못하면 상담을 진행하기가 점점 어려워진다. 이러한 상황은 재무설계를 잘못 이해하기 때문에 발생하는 일들이다.

재무설계는 투자, 세금설계가 아니다.

여기서 우리가 명확히 구분해야 할 것이 있다. 재무설계 자격증을 따기 위해 공부하는 과목은 말 그대로 공부해야 할 과목이고 재무설계를 하기 위한 도구일 뿐이라는 것이다. 도구는 그 일에 종사하는 사람들이 배워야 할 것임에는 틀림없다. 그러나 그러한 도구로 만들어진 완성품을 구매하는 고객이 도구를 다루는 기술을 일일이 배워야 할 필요는 없다.

자동차 공장에서 자동차를 만드는 기술자들의 전공은 기계, 금속, 금형, 전자 등의 분야이다. 이런 전공분야를 공부하고 기술을 익혀서 완성된 자동차를 만들어 낸다. 하지만 정작 자동차를 구매하는 고객들이 그런 기계적이고 전기적인 내용을 설명 듣고 차를 사는 경우는 없다. 고객들이 궁금해 하는 것은 이 차가 안전한가, 편한가, 이쁜가, 빠른가 등의 내용이다. 자동차를 사려는 고객에게 자동차가 만들어진 과정을 일일이 설명한다는 것은 정말 우스운 일이다.

재무설계 상담시에도 우리가 배운 과목을 고객에게 설명하는 것보다 고객이 진정으로 궁금해하고 원하는 것이 무엇인지를 파악하는 것이 중요하다.

고객이 원하는 것, 고객이 재무설계를 하고자 하는 근본적인 목적이 무엇인가? 무엇을 하려고 투자하고, 무엇을 하려고 부동산을 사는가? 무엇을 하려고 절세전략을 세우고, 무엇을 하려고 상속을 받는가?

고객들이 재무설계를 통해 바라는 대표적인 것은 바로 다음의 5가지이다.

"결혼자금 준비하려고",

"내 집을 마련하려고",

"애들 교육시키려고",

"노후 준비하려고",

"혹시 모를 위험에 대비하려고"

이것이 바로 재무설계의 목적이고 재무설계를 하는 이유이다.

재무설계사들이 상담해야 할 분야가 투자, 세금, 상속, 부동산 등이라면 재무설계는 매우 어려운 것이고 웬만큼 공부해서는 할 수도 없는 분야가 될 것이다. 그러나 재무설계를 보다 근본적으로 파헤치면 진정한 상담 분야는 인생의 목적자금 설계라는 것을 알 수 있다. 재무설계는 이론적인 원리를 연구하는 학문이 아니라 현장에서 고객의 인생과 함께 하는 실용학문이다.

따라서 재무설계사들이 상담해야 할 분야는 다음과 같다.

• 결혼자금 설계
• 주택자금 설계
• 자녀교육자금 설계
• 은퇴자금 설계
• 보장자금 설계

이와 같은 상담 분야를 고객에게 이야기한다면 고객은 다음과 같은 질문을 재무설계사에게 던질 것이다.

"제가 주택을 마련해야 하는데 어떻게 준비하는 것이 좋을까요?"

"자녀교육자금을 마련하기 위해 현재 가입한 상품은 적절한가요?"

"저의 노후자금은 얼마나 필요할까요?"

"제가 가입하고 있는 보장 내용이 적절한 지 점검해 주세요."

재무설계를 조금만 공부하고 어느 정도 고객 상담의 경험이 쌓인 재무설계사라면 어렵지 않게 대답할 수 있는 질문들이다.

재무설계의 정의를 다시 살펴보면,

재무설계란, "고객의 인생 재무목표를 수립해 주고 개인 재원의 적절한 관리를 통해 실행하고 달성해 나가는 과정"이다. 다시 말해서, 투자, 세금, 상속, 부동산 등을 통해 개인 재원을 적절히 관리하는 것은 수단이고 근본적인 목적은 인생의 재무목표를 달성할 수 있도록 도와주는 것이다.

수단으로 접근할수록 어려워지지만 목적으로 접근할수록 쉬워진다.

수　단	목　적
투자 설계	결혼자금 마련
부동산 설계	주택자금 마련
세금 설계	자녀교육자금 마련
상속 설계	노후자금 마련
은퇴 설계	보장자산 준비
위험 설계	비상자금 준비

재무설계의 근본 철학,
수익성이 아니라 지속성

재무설계를 하면서 다음과 같은 고민에 빠지는 경우가 있다.

내가 제안한 포트폴리오가 과연 좋은 것일까?
고객의 이익을 위해 어떤 선택을 하는 것이 더 좋을까?
재무설계사는 어떻게 돈을 벌어야 하는가?

이런 고민 때문에 재무설계 보고서를 앞에 두고 수없이 많은 갈등을 하고 때로는 재무설계사로서의 자신감마저 잃곤 한다.

수익성 vs 지속성

고민의 가장 큰 이유는 재무설계 과정에서 느끼는 현실과 이상 사이의 괴리 때문이다. 이상적인 솔루션을 제공하려면 모든 면에서 고객 위주(For Customer)가 되어야 하는데 현실적으로 나(재무설계사)의 이익도 고려하지 않을 수 없기 때문이다. 고객의 이익을 극대화하기 위해서는 나(재무설계사)의 이익을 최소화해야 하고 나의 이익을 생각하자니 고객에게 미안한 마음이 들고. 이 과정에서 고민이 깊어진다.

이 모든 고민의 가장 큰 원인은 재무설계의 목적을 수익성에서 찾으려 하기 때문이다. 높은 수익률, 많은 환급금을 고객에게 돌려주는 것이 재무설계사의 역할이라 생각하는 것이다.

그러나 이는 잘못된 생각이다. 머리말에서도 언급했듯이 재무설계사는 고객에게 수익률을 올려주는 사람이 아니다. 또한 고객에게 높은 수익률을 올려준다 해도 그로 인해 고객이 부자가 되기 힘들다. 재무설계사는 고객에게 인생의 재무목표를 수립해 주고, 그것을 달성할 수 있도록 도와주는 사람이다.

얼핏 보면 수익성을 강화해야 재무목표가 달성될 것 같지만 실상은 그렇지 않다. 수익성을 강화하다 보면 투자가 투기로 변질되고, 욕심과 공포에 사로잡혀 목표달성과는 거리가 점점 멀어지게 된다.

목표달성의 관점에서 보면 수익률이나 시장의 변동에 좌지우지되지 않고 합리적인 원칙과 기준을 세우고 이를 꾸준히 지켜가는 지속성이 더 중요하다. 토끼와 거북이의 경주에서 처음에는 빠른 토끼가 앞서나가는 듯했지만 결국에는 목표를 향해 꾸준히 기어가는 거북이가 승리했다. 단기적인 수익을 쫓아가는 사람보다 목표를 향해 흔들리지 않고 꾸준히 나가는 사람이 성공한다는 것, 이것이 바로 이미 검증된 세상의 진리이고 재무설계의 근본 철학이다.

지속성을 기초로 하는 재무설계의 근본 철학을 이해하면 이제 나의 이익과 고객의 이익이 상충되는 것이 아니라 함께 가는(Win-Win) 것이라는 걸 깨닫게 된다. 수익성을 쫓아가면 지속성이 힘들어지지만 지속성을 따라가면 수익성이 함께 달성되는 것이다. 따라서 지속성을 중심으로 재무설계 상담이 이루어진다면 고객과 재무설계사 모두 원하는 바를 달성할 수 있을 것이다.

똘똘이 vs 꾸준이 vs 군중

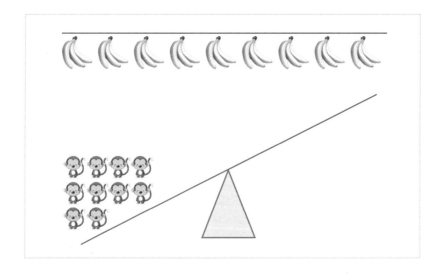

바나나가 매달려 있고 그 밑에 지렛대가 놓여 있다. 지렛대 왼쪽 낮은 곳에는 원숭이들이 모여서 바나나를 따먹으려고 열심히 노력 중이다. 그런데 그들이 따먹고 싶어하는 바나나는 높은 곳에 매달려 있어서 아무리 뛰어봐도 바나나를 딸 수가 없다. 결국 모두가 한숨만 지으며 높은 곳에 매달려 있는 바나나를 바라만 보면서 안타까워하고 있었다.

그런데 원숭이 무리 중에 '똘똘이'라는 정말 머리가 좋은 원숭이가 한 마리 있었다. 그는 한참을 고민하고 연구한 끝에 한 가지 방법을 생각해 낸다.

'지렛대를 따라 오른쪽 반대편으로 올라가면 바나나를 따먹을 수 있지 않을까?'

이제껏 아무도 시도해 보지 않은 방법이라 두렵기는 했지만 연구 결과를 믿고 위험을 감수한 채 지렛대를 따라 이동하기 시작한다. 나머지 원숭이들은 위험이 두려워 선뜻 따라 나서지는 못하고 그저 똘똘이가 성공하나 못하나 바라만 볼 뿐이다.

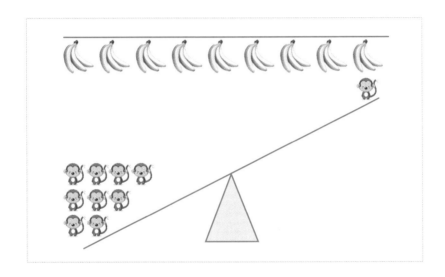

똘똘이는 지렛대를 따라 오르막을 오르면서 힘들기도 했고 불안하기도 했지만 꾹 참으면서 마침내 반대편 윗쪽에 도달한다. 그 곳에 도달해서 보니 바나나가 바로 위 손이 닿는 곳에 달려 있는 것이 아닌가! 똘똘이는 손쉽게 바나나를 따서 맛있게 먹을 수 있었다.

그러자 반대편 아랫쪽에서 노심초사 똘똘이의 성공여부를 지켜보고 있던 나머지 원숭이들이 들썩이기 시작한다.

"우와~~!, 똘똘이가 성공했어!, 저리로 가면 바나나를 먹을 수 있구나!, 저 방법이 최고야!"

이렇게 외치며 나머지 원숭이들이 너도나도 할 것 없이 우르르 지렛대를 따라 반대편으로 몰려간다.

그런데 이게 웬일인가! 원숭이들이 모두 반대편으로 움직이면서 무게중심의 변동이 생기자 지렛대가 점점 반대방향으로 기울기 시작하는 것이 아닌가! 결국 원숭이들이 몰려간 오른쪽부분이 내려가서 다시 아무도 바나나를 먹을 수 없는 상황이 되어 버렸다. 결과적으로 처음 위험을 무릅쓰고 도전한 똘똘이를 제외한 나머지 원숭이들은 아무도 바나나를 따 먹을 수 없었다.

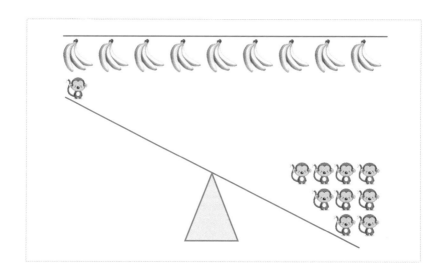

그런데…

원숭이 무리 중에 잠이 많기로 소문난 '꾸준이'라는 원숭이가 있었다. 그는 이렇게 한바탕 소동이 벌어지는 와중에 한 쪽 구석에서 아무것도 모른 채 꾸벅꾸벅 졸고 있었다. 한참을 자고 있는데 갑자기 우당탕탕 원숭이들이 달려가는 소리가 나더니 잠시 후에 몸이 둥둥 뜨는 느낌이 나는 것 같았다. 뭔가 이상한 거 같아 눈을 떠보니 이게 웬 횡재람! 눈 앞에 바나나 열매가 한아름 열려있는 것이 아닌가! 결국 아무것도 하지 않고 잠자다 일어난 우리의 꾸준이는 별로 한 것도 없이 맛있는 바나나를 먹을 수 있었다.

이 우화를 통해 몇가지 중요한 시사점을 발견할 수 있다.

첫째, 세상에서 부자가 될 수 있는(바나나를 따먹을 수 있는) 방법은 두 가지가 있다.

첫번째 방법은 똘똘이가 되는 것이다. 이 방법은 수많은 지식을 공부하고 연구해서 돈을 벌 수 있는 방법을 남보다 먼저 알아내는 것이다. 그러나 이 방법은 일반 사람들에게는 쉽지 않다. 다른 사람들보다 더 많이 공부해야 하고 더 많이 노력해야 하기 때문이다. 또한 그렇게 한다고 모두다 성공하는 것이 아니라 시장을 개척하고 선도해 나가는 과정에서 수많은 위험과 실패를 감수해야 한다.

두번째 방법은 꾸준이가 되는 것이다. 이 방법은 세상의 흐름과 유행에 쫓아가지 않고 자리를 묵묵히 지키며 때가 오기를 기다리는 것이다. 누가 앞서 나가든, 남들이 좋다고 우르르 몰려가든 관계없이 원칙과 기본을 지키는 것이다. 그러다 보면 언젠가는 기회가 오고 그 기회를 잡을 수 있게 된다.

이와 같이 부자가 되고 성공하려면 시장을 선도하는 똘똘이가 되거나 한 자리를 꾸준히 고수하는 꾸준이가 되어야 한다. 그런데 대부분의 경우 유행과 흐름에 휩싸여 이리저리 왔다갔다 하다가 뒷북만 치게 되고 결국 실패하게 된다.

둘째, 유행을 따라 이리저리 몰려다니면 결과적으로 남들을 부자로 만들어 줄 뿐이다.

똘똘이가 바나나를 먹는 모습을 보면서 뒤늦게 우르르 따라간 원숭이들은 지렛대가 기우는 바람에 누구도 바나나를 먹지 못했다. 이처럼 유행에 따라 이리저리 몰려 다니며 뒷북만 치는 사람들을 '군중(crowd)'이라 한다.

군중의 사전적 정의를 보면, '공통된 규범이나 조직성 없이 우연히 조직된 인간의 일시적 집합'이라 명시되어 있다. 아무 규칙도 기준도 없이 그저 남들이 가는 방향에 몸을 맡기는 것이다. 이렇게 군중에 속하게 되면 결국 아무 이익도 얻을 수 없다.

그런데 앞서 그림을 자세히 살펴 보면 이들 군중이 한가지 중요한 역할을 하고 있는 것을 발견할 수 있다. 무리 지어 이리저리 오가며 지렛대를 움직여서 똘똘이와 꾸준이를 높이 띄워주고, 그들이 바나나를 잘 먹을 수 있도록 지렛대를 지탱해 주고 있는 것이다.

얼마나 바보 같은 상황인가!!!

단순히 바나나만 못 먹는 줄 알았는데 그 뿐만 아니라 이리저리 옮겨다니며 지렛대의 무게 중심을 옮겨 주어서 똘똘이와 꾸준이가 바나나를 따 먹을 수 있도록 도와주고 있는 것이다. 자신의 이익을 못 챙기는 것은 물론이고 설상가상, 자신의 돈을 남의 지갑에 갖다 바치는 일만 열심히 하고 있는 것이다. 유행을 쫓아다니며 뒷북만 치다가 결국 부자가 되지 못하는 것은 물론이고 내가 날린 돈으로 누군가를 더 큰 부자로 만들어 주게 된다.

그렇다면 이제부터라도 군중에서 벗어나 똘똘이나 꾸준이가 되어야 한다는 것에 동의할 것이다. 그렇다면 둘 중에 어떤 것을 선택하겠는가?

셋째, 똘똘이보다 꾸준이가 더 쉬워보이지만 사실상 꾸준이가 더 어렵다.

둘 중에 하나를 선택한다면 수많은 지식을 공부해야 하고 위험을 감수해야 하는 똘똘이보다는 크게 노력할 필요 없이 한 자리에 머물러 있기만 하면 되는 꾸준이가 더 쉬워 보일 것이다. 그런데 과연 더 쉬울까?

앞서 지렛대 그림에서 원숭이들이 우르르 무리를 지어 반대편으로 뛰어갈 때 꾸준이는 졸고 있었고 그래서 똘똘이가 바나나를 먹는 모습을 보지 못했다. 만약 꾸준이가 졸지 않고 깨어 있었다면, 똘똘이가 맛있게 바나나를 먹는 모습을 다른 원숭이들과 같이 보았다면 그래도 가만 있었을까?

졸고 있었기에 망정이지 깨어 있었다면 아마 똑 같은 군중이 되어 무리와 함께 반대편으로 뛰어 갔을 것이다.

주식시장이 폭등할 때, 부동산 가격이 상승할 때, 시장의 유행을 따라가면 당장 돈이 될 것 같은 달콤한 유혹이 찾아올 때, 그 유혹을 참아낼 사람이 과연 몇 명이나 있을까?

"저는 이리저리 왔다갔다 하지 않고 현재 투자상품과 포트폴리오를 유지하겠습니다."라고 굳은 의지를 말할 수 있는 사람이 얼마나 될까?

아마도 대부분의 사람이 주가가 오르면 적금 깨서 주식에 몰빵하고 그러다가 주가가 폭락하면 지레 겁먹고 다시 은행 문을 두드리고… 이런 악순환을 반복하고 있을 것이다.

부동산으로 돈을 번 부자들의 대부분은 샀다팔았다 한 사람들이 아니라 우량한 물건을 사서 오랫동안 가지고 있는 사람들이다. 삼성전자 주가가 1990년 2만 원대에서 2010년 80만원까지 40배, 수익률로는 4000%가 오르는 동안 주식을 사고팔고 했던 투자자들은 그리 큰 수익을 올리지 못했다. 하지만 그 주식을 꾸준히 보유하고 있던 삼성그룹 일가들은 모두가 다 주식 부자 순위에 이름을 올리고 있다. 물론 우량하고 좋은 것을 찾는 노력은 필요하다. 그러나 이와 함께 꾸준함과 지속성이 병행되어야 비로소 우량한 것이 빛을 발하게 된다

세계적인 투자의 귀재 워렌버핏이 수십년간 투자를 하면서 내린 투자시장의 정의는 다음과 같다.

"투자시장이란 참을성이 없는 개미로부터 인내심이 강한 투자자에게 자산을 이전하는 시스템"

결과적으로 투자시장의 승자는 많은 정보를 연구하고 좋은 상품을 고르는 것이 아니라 누가 더 오래 참았느냐에 따라 결정된다. 그리고 오래 참음으로 인해 얻게 되는 수익은 하늘에서 떨어지거나 조폐공사가 새로 찍어내는 돈이 아니라 참을성 없는 개미의 통장으로부터 가져온 것이다. 시대를 이끌어가는 현인들은 이 진리를 경험적으로 다 알고 있다.

재무설계사의 역할 - 지속적인 조력자

그런데 무언가를 꾸준히 한다는 것이 사람에게는 정말 어렵다. 큰 맘 먹고 시작하지만 예기치 못한 상황과 여러가지 유혹에 의해 포기하는 경우가 대부분이다. 따라서 처음 설정한 원칙과 기본을 꾸준히 지킬 수 있도록 도와줄 누군가가 필요하다. 누군가가 강제적으로라도 하게 하지 않으면 무언가를 꾸준히 한다는 것이 매우 어렵기 때문이다.

은퇴 이후 노후를 행복하게 보내고 계신 분들 중 대표적으로 우리가 부러워하는 사람들의 젊은 시절 직업이 무엇인가?

이 질문에 누구도 예외없이 공무원, 교사라고 답한다. 이들은 젊은 시절에는 월급이 많지 않았지만 결국 노후에 충분한 연금을 받으며 풍요로운 노후를 보내고 있다.

이들이 누구인가? 이들이 바로 '꾸준이'이다. 박봉에도 불구하고 불평한마디 없이 꾸준히 노후준비를 해 온 꾸준함의 전문가들이다.

그런데 이들의 꾸준함이 본인들이 직접 선택하고 노력한 것일까?

그렇지 않다. 국가가 적지않은 금액을 월급에서 강제로 떼어가고 그것을 중도에 찾아가지 못하도록 막아놨기에 가능했던 것이다. 만약 공무원 연금 가입이 강제적이지 않고 선택사항이었다면, 납입 중간에 언제든지 필요한 금액을 찾아갈 수 있었다면, 공무원, 교사 집단이 지금처럼 행복한 노후를 보내는 대표적인 집단이 될 수 있었을까?

행복한 노후를 보내는 것을 보며 우리가 부러워하는 직업, '공무원'은 일반 군중들이 쫓아다니는 '높은 수익'이나 '투자 정보'를 통해 만들어진 것이 아니라 '꾸준함'에서 비롯된 것이고 그 '꾸준함'은 시대의 유행에 흔들리지 않고 꾸준히 저축할 수 있도록 도와주고 의무적으로 납입하도록 강제한 정부라는 기관이 있었기에 가능했다는 점을 명심하기 바란다.

따라서 재무설계사의 역할은 다음과 같이 정의할 수 있다.

- 고객으로 하여금 핏빛보다 선명한 목표를 세우게 하고,
- 목표를 달성하기 위해 합리적인 원칙과 기준을 제시하고,
- 이를 달성하기까지 꾸준히 지속할 수 있도록 관리하고 조언하는 것,
- 그리고 이를 통해 고객이 진정 행복한 인생을 살 수 있도록 도와주는 것.

이것이야말로 재무설계사의 가장 중요한 역할이고 시대적 사명이다.

"행복"과 비교되는 것이 "행운"이다. "행운"과 "행복"의 차이는,

노력과 준비가 없는 상태에서 우연히 얻어지는 것을 행운이라 하고, 목표를 세우고 목표를 달성하기 위해 부단히 노력하고 준비한 사람에게 주어지는 것을 행복이라 한다.

재무설계사는 고객에게 행운을 가져다 주는 사람이 아니라 행복을 만들어 주는 사람이다. 다시 말해서, 고객의 통장에 얼마의 자산을 더 만들어 주는가가 중요한 것이 아니라 고객이 행복한 인생을 살기 위해서 무엇을 해야 하는가를 알려

주는 것이 더 중요하다는 것이다.

수익성을 좇아가면 재무설계사라는 직업이 수많은 상품을 공부하고 시장의 변화에 일희일비해야 하는 복잡하고 힘든 일이 될 것이다. 하지만 지속성을 추구한다면 단순하면서도 아름답고 가치있는 일이 될 것이다.

이제 재무설계사로서 확신이 들었는가?

재무설계 프로세스 6단계를 익히는 것보다 내가 하는 일에 대해 확신을 갖는 것이 우선이다. 철학이 있고 가치관이 바로 서면 자신감이 생긴다. 이제 재무설계에 대한 확신과 자신감을 가지고 재무설계 프로세스 6단계를 하나하나 익혀보기로 하자.

2장

재무설계 프로세스 6단계

재무설계 프로세스 6단계

재무설계 PROCESS

| 1단계 | 초회 면담 (Approach) |

| 2단계 | 재무목표 설정 및 자료수집 |

| 3단계 | 분석 및 평가 |

| 4단계 | 재무보고서 작성 |

| 5단계 | 실행 (자산 배분) |

| 6단계 | 모니터링 |

STEP 1 초회 면담 (Approach)

재무설계 상담 프로세스의 첫 단계는 고객과의 첫 만남, 바로 초회 면담이다. 모든 일에서 첫 인상이 중요하듯 재무설계 역시도 고객과의 첫 만남에서 무엇을 이야기하고 어떻게 관계를 정립하느냐에 따라 이후 상담의 진행 여부가 판가름 나게 된다. 따라서 이 과정은 재무상담 프로세스에 있어서 가장 중요하고 신중해야 하는 단계라고 할 수 있다.

그럼에도 불구하고 적지않은 재무설계사들이 초회면담시 무슨 이야기를 해야 하는지, 어디서부터 시작해야 하는지도 모른채 상담을 시작한다. 그리고는 주식, 부동산, 노후, 등에 관한 정리되지 않은 이야기를 늘어놓다가 결국 정말 해야할 이야기들을 하지도 못한 채 상담을 마치곤 한다.

매사가 그러하듯, 재무설계 프로세스에서도 매 단계를 진행하는 목적을 명확히 하는 것이 중요하다.

그렇다면 1단계 초회 면담의 목적은 무엇인가?

좀 더 단순하게 말하자면, 초회 면담이 끝난 후 집으로 돌아가는 고객의 머릿속에 무슨 생각이 들게 해야 할까?

재무설계 초회 면담 과정은 고객에게 재무설계의 필요성을 인식시키고 향후 상담 과정에서 고객과 재무설계사의 관계를 명확히 정립하는 과정이다.

기존 상품 판매 시장의 초회 면담은 판매하고자 하는 상품의 필요성을 설득하는 것에 집중했다. 그러나 재무설계는 한두 가지의 상품을 판매하는 것이 아니라 재무적인 부분에 대해 종합적으로 점검하는 컨설팅 서비스이다. 따라서 재무설계는 기존 상품 판매 시장과는 전혀 다른 관점에서 초회 면담이 이루어져야 한다.

재무설계 초회 면담에서는 무슨 이야기를 통해 어떤 니드를 불러 일으켜야 하는지 그 내용과 관계 정립 방법에 대해 세부적으로 알아보기로 하자.

기존 상품 판매 시대의
초회 면담

① 종신보험 판매시 니드환기

　종신보험은 사망보장이 주된 보험이다. 따라서 니드 환기는 피보험자의 사망시 발생할 수 있는 문제점들을 생각해보고 그에 대한 사전 준비, 즉 생명보험이 필요하다는 것을 환기시키는 것이 주요 내용이다. 일반적으로 사망에 대한 문제는 한 가족의 재정적인 부분을 책임지고 있는 가장의 사망시에 가장 큰 문제가 발생하므로 주로 가장의 준비에 초점을 맞추게 되며 그 흐름은 다음과 같다.

- 자녀에 대한 사랑을 확인하고 그들의 꿈과 미래에 대해 이야기한다.
- 자녀의 행복한 미래를 위한 가장의 역할에 대해 이야기한다.
- 예기치 못한 상황(가장의 사망) 발생시 대안이 있는지 물어본다.
- 사례와 비유를 통해 가장을 잃은 가족의 경제적인 고통을 이야기한다.

• 만일의 상황에 대한 대안으로서 사망보험의 필요성을 설득한다.

❷ 연금 판매시 니드환기

연금보험은 말 그대로 노후의 생활을 유지하기 위한 연금소득을 준비하는 보험이다. 따라서 니드환기는 노후 준비의 필요성에 초점을 맞춘다. 고령화, 저출산 등의 인구통계적인 환경과 고물가, 저금리 등의 경제적인 환경의 변화에 대한 니드환기를 통해 별도의 노후 대책이 필요함을 설득하는 것이 주요 내용이다.

❸ 펀드, 변액보험 등 투자상품 판매시 니드환기

펀드나 변액보험은 기존의 상품들과 달리 고객이 납입한 돈의 일정 부분을 주식, 채권 등에 투자하여 수익률을 높이는 상품이다. 기존 상품들이 안정적인 확정금리 또는 변동금리형 상품을 통해 보험료를 운용하는데 반해 펀드나 변액보험은 기대수익률을 높이기 위해 위험성이 있는 자산에 투자하여 운용하는 형태이다.

과거 은행 이자율이 10%를 넘나들던 고금리 시절에는 굳이 위험을 감수하며 투자할 필요가 없었지만 저금리 시대로 접어들면서 투자를 하지 않으면 물가상승률조차 따라잡기 힘든 상황이 되었다. 따라서 투자상품의 니드환기는 저축에서 투자로 전환해야 하는 필요성을 환기시키는 것이 주된 내용이다. 고객이 수익과 위험에 대한 개념을 이해하지 못하거나 투자에 동의하지 않는다면 투자상품은 설명조차 할 수 없는 것이다.

지금까지는 상품판매 시장의 니드환기이다. 상품판매 시장은 고객을 만나기 전에 팔아야 하는 상품이 정해져 있는 시장이다. 따라서 고객이 누구이든 관계없이 정해진 주제를 설득해서 그 상품을 구입하도록 유도해야 한다. 이것이 바로 판매, Sales이다. Sales의 경우 한 가지 상품과 그 컨셉만을 지속적으로 설득하기 때문에 상품에 대한 이해나 판매촉진을 위해서는 유리할 수 있다. 그러나 정작 고객이 원하는 맞춤형 서비스나 객관적인 관점에서의 비교/분석 컨설팅은 이루어지지 못하게 된다.

재무설계 시대의 초회 면담

❶ 핵심 주제

재무설계 시장에서 초회면담 시 니드 환기해야 할 핵심 주제는 무엇일까? 좀 더 단순하게 생각하자면, 고객과의 첫번째 면담이 끝나는 순간 집으로 돌아가는 고객의 머릿속에 무슨 생각이 들도록 해야 할까?

재무설계 상담을 진행하기 위해 첫 만남에서 이야기할 주제는 바로 "재무설계의 필요성"을 니드 환기하는 것이다. 상품을 판매하려면 그 상품이 왜 필요한지에 대해 설명하는 과정이 필요하듯, 재무설계 상담을 진행하려면 재무설계가 무엇이고, 왜 필요한지에 대해 설명하고 설득하는 과정이 필요하다. 그래야 계속해서 상담을 진행할 수 있기 때문이다.

그렇다면 재무설계의 필요성을 환기하기 위해 구체적으로 무슨 이야기를 하여야 할까? 그에 대한 답을 찾기 위해 재무설계의 정의가 무엇인지 다시 한 번 살펴보자.

"재무설계란 개인의 재무목표를 수립하고 그 목표를 달성하기 위해 실행하고 점검해 나가는 과정"

이라고 재무설계 교재에 적혀 있다. 이 정의를 잘 살펴보면 재무설계 필요성의 세부 내용은 다음의 세 가지로 요약된다.

① **목표** : 인생의 재무목표 수립의 필요성
② **점검** : 저축 및 투자가 자신의 목표와 일치하는지 점검의 필요성
③ **관리** : 개인 재무상황에 대해 지속적인 관리의 필요성

다시 말해서, 재무설계의 필요성은 고객으로 하여금 인생의 재무목표를 수립하고, 현재의 상황을 점검하여 목표에 맞게 실행한 후 지속적으로 관리하는 과정이 필요함을 깨닫게 해 주는 것이라고 할 수 있다. 예를 들면 다음과 같다.

상품판매 : "고령화 시대에 노후준비를 하셔야 하지 않을까요?"
재무설계 : "고객님께서 하고 계신 노후준비 금액은 적절한가요?, 그리고 노후준비 상품은 고객님의 상황에 적합한 상품입니까?"

상품에 대해 많이 알고 있고 또 실제 가입하고 있는 고객에게 또다시 무엇인가를 판매하려고 접근하면 고객은 그를 멀리하려 할 것이다. 그러나 목표와 점검, 지속적인 관리의 필요성을 깨닫게 한다면 고객은 더 많은 것을 점검 받고 관리 받기를 원할 것이다.

목표, 점검, 관리, 이것이 바로 재무설계 초회면담 시 니드환기 해야 할 핵심 주제이다.

[시장 변화에 따른 니드환기 주제의 변화]

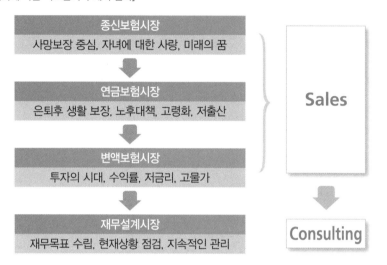

❷ 주제별 세부 내용

위에 언급한 세 가지 핵심 주제에 대해 세부적으로 알아 보자.

① 인생의 재무목표 수립의 필요성을 설득한다.

인생의 재무목표를 구체적으로 수립하고 사는 사람들은 많지 않다. 목표가 없는 상태에서 투자를 시작하다 보니 원칙과 이성이 아닌 유행과 감정에 따라 투자를 결정하게 된다. 그러다 보니 남들이 다 좋다고 할 때 뒤늦게 투자를 시작했다가 막차를 타서 고생하기가 쉽다.

투자를 종료할 때도 마찬가지다. 투자자들은 누구나 좀더 높은 수익을 올리고 싶어한다. 따라서 일정한 수익이 나도 조금더 조금더 하는 마음에 투자를 종료하기 어렵다. 대부분 시장이 좋을 때는 욕심을 부리다가 상황이 악화된 이후에야 공포에 휩싸여 손실을 보면서 투자를 종료하게 된다.

급변하는 금융시장에서 언제 투자하는 것이 좋고, 언제 환매하는 것이 좋은 지를 맞출 수 있는 사람은 없다. 명확하고 합리적인 목표를 세우고 원칙과 기준에 따라 투자하는 것만이 수익을 창출하고 목표를 달성할 수 있는 유일한 방법이다.

초회 면담 과정에서 목표 수립의 필요성을 환기할 때 재무목표의 세부적인 내용까지 구체적으로 이야기할 필요는 없다. 재무목표에 대한 세부적인 내용과 합의는 FF(자료수집) 과정에서 이루어지므로 초회 면담 과정에서는 목표의 내용에 대한 상담보다는 오로지 재무목표의 유무에 따른 차이점에 대해서만 명확하게 이해시키는 것이 중요하다.

② 재무상태 종합 점검의 필요성에 대해 이야기한다.

대한민국 국민 중에 금융상품 하나 정도 가입하지 않은 사람들은 거의 없다. 그러나 그 상품을 가입하면서 상품이 좋은지 나쁜지에 대해서만 고민할 뿐, 나의 인생 재무목표와 일치하는지에 대한 고민은 하지 않는다.

목표 없이 무작정 금융상품에 가입하게 되면 나중에 개인의 재무목표와 맞지 않은 상황이 종종 발생하게 되는데 이 경우 해약, 손절매 등을 하게 되어 손실이 발생하게 된다. 반면 목표를 먼저 수립하고 목표에 맞는 상품을 가입하면 시행착오를 줄여서 더 많은 수익을 창출할 수 있다.

사실 금융상품들을 분석해 보면 상품 자체에 문제가 있는 경우는 거의 없다. 대부분이 가입자 본인의 재무목표와 맞지 않기 때문에 문제가 발생하게 된다. 따라서 현재 가입하고 있는 금융상품이 가입자 본인의 재무목표와 일치하는지, 어느 정도 도움이 되는지, 추가적인 가입이나 조정이 필요하지 않은지 등에 대해 점검해 보아야 한다.

괜찮겠지라는 막연한 생각으로 부실한 재무상황을 방치하게 되면 후에 더 큰 손실이 발생할 수 있다. 건강이 나빠진 후에 검사를 하는 것보다는 주기적으로 건강검진을 하는 것이 건강을 유지하는 비결이듯이 재무상태의 건전성에 대해서도 주기적인 점검이 필요하다는 것을 설득해야 한다.

③ 지속적인 개인 재무상황 관리의 필요성에 대해 이야기한다.

최근 금융 위기 등 경제환경의 급변으로 인해 대부분의 투자자들이 심리적으로 불안해 하고 있다. 경제 상황은 항상 변하기 마련인데 생업에 종사하고 있는 대부분의 고객들은 이러한 변화에 능동적으로 대응할만한 지식도 없고, 상황도 안되기 때문에 큰 변화가 발생하면 두려울 수 밖에 없다. 결국 이런 불안과 공포는 투자를 실패로 몰고 가는 가장 큰 원인이 되고 만다.

따라서 고민 끝에 실행한 재무 포트폴리오가 효율적으로 운용되고, 목표달성 시점까지 유지되기 위해서는 정기적이고 지속적인 관리와 점검이 필요하다는 것을 설득하여야 한다.

또한 이러한 관리와 점검의 과정은 고객 또는 재무설계사 한쪽의 일방적인 책임으로 이루어지는 것이 아니라 재무설계라는 구심점을 중심으로 고객과 재무설계사 쌍방이 동시에 관심과 책임을 가져야 비로소 성공적인 재무목표 달성이 가능하다는 것을 인식시켜야 한다.

④ 비유와 사례를 들어 이야기한다.

재무설계라는 개념은 일반인들에게 다소 생소할 뿐만 아니라 한두 마디로 이해하기 어려운 개념이다. 그런데 첫 만남에서부터 이론적인 내용과 전문적인 용어들을 나열한다면 일반 고객들이 이해하기 쉽지 않을 것이다.

따라서 초회 면담에서는 재무설계를 처음 접하는 고객도 이해할 수 있도록 비유나 사례를 통해 쉽게 설명하는 것이 좋다. 또한 생소한 개념을 설명할 때는 개념 자체를 이해시키는 것보다 기존에 잘 알고 있는 것과의 차이점을 비교해 가며 설명하는 것도 좋은 설득 방법이다.

사례를 통한 니드 환기 방법 중에서 가장 효과적인 것은 고객 본인의 사례를 통한 방법이다. 간단한 질문을 통해 고객 본인의 사례 중 한두 가지를 발췌해 내서 인생목표와 일치하는지에 대해 점검을 해보자. 고객의 재무상황에 대한 종합 점검은 자료 수집 과정에서 이루어지겠지만 샘플을 통해 일부분을 점검해 봄으로써 고객이 스스로 재무상태의 문제점을 인지하게 되고 이를 통해 고객은 재무설계에 대한 궁금증과 호기심을 갖게 될 것이다.

재무설계의 필요성 니드 환기와 관련하여 실제 현장에서 활용할 수 있는 Script를 첨부하였다.

고객님은 '재무설계'라는 단어에 대해서 들어 보신 적 있으세요? 무슨 뜻일까요?

"잘 모르겠는데요"

그렇다면 재테크라는 용어는 많이 들어보셨죠? 재테크는 뭐라고 생각하세요?

"돈을 불리는 거 아닙니까?"

맞습니다. 재테크는 돈을 불리는 것입니다. 고객님도 재테크 많이 하시죠?

그런데 재테크 하시는 분들이 모두 다 만족할만한 수익을 올리시던가요?

"글쎄요. 그렇지 않던데요"

수많은 사람들이 재테크를 하지만 성공하는 사람은 많지 않습니다. 왜 그럴까요?

일반인들의 재테크 특징을 보면 세 가지 유형이 있습니다.

첫번째 유형은 돈을 모으는 목적이 없이 그냥 돈만 불리기 위해 재테크를 하는 것입니다. 이 경우 '언제까지 투자하겠다, 어느 시점에서 찾겠다'라는 목표나 계획이 없기 때문에 투자를 시작하는 시점은 있지만 언제 끝내야 하는지를 알 수 없습니다. 결국 '조금더 조금더'하며 욕심을 부리다가 정작 올랐을 때는 찾지 못하고 손실을 보고 나서야 후회하며 찾게 됩니다.

두번째 유형은 목표에 맞지 않는 투자를 한 경우입니다.

자신의 재무목표에 맞지 않는 투자를 하게 되면 투자방법이나 가입한 상품이 목표와 불일치하게 되는데 이 경우 중도에 해약하게 되면 손실이 불가피하고 계속 유지할 경우 더 큰 손실이 발생할 수도 있습니다.

세번째 유형은 목표를 세우고 목표에 맞는 실행을 했지만 지속적으로 점검하지 않은 경우입니다.

경제상황은 수시로 급변하고 있고 투자 기간 중에 개인의 재무상황이 변하기도 합니다. 따라서 그때그때 변화에 대처하고 준비하지 않으면 시간이 지날수록 문제가 커지게 됩니다. 대표적인 것이 80년대 교육보험의 사례이죠.

반면에 재테크에 성공하는 분들을 보면 왜 투자해야 하는지 구체적인 목표와 계획을 먼저 정합니다. 그리고 그 목표를 달성하기 위해 얼마의 금액을 언제까지 어떤 방식으로 투자해야 하는지 검토하고 그에 맞춰 투자방법 및 금융상품을 결정합니다. 그리고 목표가 달성되어 투자를 종료하는 시점까지 꾸준하고 지속적으로 관리합니다.

이 방법이 바로 재무설계입니다. 결과적으로 재무설계란 고객님께서 처음 들으시는 생소한 개념이 아니라 재테크에 성공하는 사람들의 투자 방법입니다.

예를 들어, 건물을 짓는 건축업자가 몇 층 건물을 짓겠다는 계획도 없이 기초공사부터 한다면 그 건물이 제대로 지어질까요?

30층 건물을 지어야 하는데 3층짜리 기초 공사를 하고 있다면 어떻게 되겠습니까?

4~5층은 버티겠지만 10층을 못 넘기고 무너지고 말 겁니다.

반면 3층 건물을 지어야 하는데 30층짜리 기초 공사를 하고 있다면 어떨까요?

불필요한 비용이 많이 들어가서 손실을 볼 겁니다.

건물 하나를 짓는데도 이처럼 계획과 목표가 중요한데 더욱 중요한 고객님의 인생을 설계하는데 아무 계획없이 한다면 좋을까요?

고객님께서 지금 하고 계신 재테크도 어떤 목적이냐에 따라 처음부터 다르게 설계되어야 하고 그에 맞춰 투자를 진행하셔야 합니다. 또한 이미 투자중인 상품이 있다면 그것이 고객님의 인생 목표와 일치하는지 점검하고 조정하셔야 합니다.

어떠세요?

[니드환기 스크립트 - 고객 사례를 통한 니드환기]

혹시 최근에 가입하신 금융상품이 있으세요?

"네, 작년 연말에 은행에서 소득공제연금을 가입했어요."

잘하셨네요. 그런데 그 상품에 가입하신 특별한 목적이 있으십니까?

"노후준비도 하고 소득공제도 받으려구요"

그러시군요. 그렇다면 그 상품이 고객님의 노후준비와 소득공제에 얼마나 도움이 되는지한 번 알아보기로 하겠습니다. 먼저 노후 준비에 대해 알아보죠.

그 상품이 고객님의 노후에 얼마나 도움이 될 지 생각해 보셨어요?

"정확히 확인해 보진 않았는데요, 없는 것 보다야 낫겠죠"

만약 그 상품이 고객님의 노후에 크게 도움이 되지 않는다면 어떻게 하시겠어요?

혹시 가입하신 상품이 주식에 투자하는 연금입니까?

"글쎄요. 잘 모르겠는데요. 아마 그렇지 않은 것 같습니다."

그렇다면 은행금리 정도의 수익을 목표로 안정적으로 운용되는 상품이네요.

현재 은행금리가 몇 %쯤 될까요?

"글쎄요, 한 4~5% 정도 되지 않나요?"

맞습니다. 세금을 공제하고 나면 4%대입니다. 4%의 이자에 대해 어떻게 생각하세요?

"그다지 만족스럽지 않네요"

우리나라의 최근 물가상승률이 1년에 몇 %인지 혹시 알고 계세요?

얼마 전 통계청 자료를 보니 물가상승율이 연 5%를 넘어섰다고 하던데요, 우리가 피부로느끼는 체감 물가상승률은 그보다 훨씬 더 높아서 7~9%에 육박한다고 합니다.

물가상승률은 8%인데, 은행금리는 4%이면 어떨까요?

이자를 받는 것 같지만 사실상 매년 손해를 보는 셈이죠.

그리고 이런 싱황이 매년 시속된나면 나중에는 생각했던 것보다 훨씬 적은 가치의 금액을 받게 될 겁니다.

고객님께서 가입하신 연금처럼 이자가 물가상승률을 초과하지 못하는 연금의 경우 미래에 수령하게 될 연금액은 정말 미미한 금액이 될 겁니다. 월 20만원을 매달 납입하셨는데 화폐가치의 하락으로 인해 채 20만원도 되지 않는 금액을 연금으로 받으시게 된다면 어떠시겠어요?

그렇다면 소득공제는 과연 도움이 될까요?

고객님 연봉이 얼마나 되세요? "한 5000만원정도 됩니다."

적지 않으시네요. 그러면 소득공제를 통해 작년에 환급받으신 세금이 얼마인지 알고 계시나요?

"잘 모르겠는데요."

똑 같은 상품을 가입해도 연봉이 높은 사람이 소득공제 환급액이 더 크다는 것을 아시죠?

"네"

그런데 가입하신 연금의 소득공제가 고객님의 연봉 기준이 아니라 연봉에서 각종 공제액을 제외하고 남은 최종 과세표준을 기준으로 한다는 걸 알고 계시나요?

"그게 무슨 말이죠?

실제 고객님 연봉이 5천만원이라도 근로소득공제, 부양가족공제 등 각종 공제를 하고 난 금액을 기준으로 세금을 산출하기 때문에 실제 과세표준은 2~3000만원 정도만 되는 것입니다.

따라서 돌려받는 금액도 생각보다 훨씬 적어지죠.

또 하나, 고객님이 가입하신 연금은 2001년 1월 1일 이후에 가입하신 것인가요? "네"

그렇다면 지금 돌려받은 세금을 나중에 연금을 받을 때 연금소득세로 다시 내셔야 한다는 것을 알고 계세요? "듣긴 들었습니다만…"

소득공제를 통해 돌려받은 그 금액을 나중에 연금 수령시에 다시 내셔야 한다는 것입니다.

결국 소득공제 환급액은 돌려받는 것이 아니라 나중에 낼 돈을 나라에서 잠시 빌려 준 거지요.

"그래요?"

그런데 작년에 환급받은 소득공제액으로 뭐하셨어요? "술 마셨죠"

어떡하죠? 나중에 다시 돌려줘야 하실텐데 빌린 돈을 다 써버리셨으니.

아까 말씀드린 대로 화폐가치 하락으로 인해 받는 금액도 얼마 되지 않을 텐데 게다가 세금까지 떼어내야 하니… 노후에 도움이 될 가능성이 별로 없네요.

결과적으로 보니 가입하신 연금상품은 노후준비도 소득공제도 큰 도움이 되지 않는 것 같습니다.

그렇다면 이 상품이 좋은 상품입니까? 나쁜 상품입니까?

"이런, 나쁘네요"

그렇지 않습니다. 이 상품은 아주 좋은 상품입니다. 누구에게?

이미 다른 투자상품에 많이 가입하셔서 안정적인 상품이 필요하신 분. 연봉이 1억 이상 되셔서 소득공제 효과가 크신 분. 그리고 돌려받은 금액을 다시 연금에 재투자하시는 분께는 더할 나위 없이 좋은 상품입니다.

그런데, 실제 과세 대상 소득이 높지 않아서 소득공제효과가 적고, 다른 준비 없이 이거 하나로 빠듯하게 노후를 준비하셔야 하는 분에게는 맞지 않는 것이죠.

나쁜 상품이 있는 것이 아니라 나의 상황과 맞지 않는 상품이 있는 것입니다.

지금은 최근에 가입하신 연금 하나에 대해서만 얘기해 드렸지만, 고객님의 다른 재무상황을 살펴 본다면 고객님께서 미처 알지 못한 문제점들이 재무상황 곳곳에 암초처럼 도사리고 있을지도 모릅니다.

이러한 문제들은 마치 암세포와 같아서 현재는 잘 알 수 없고 겉으로 잘 드러나지도 않습니다. 그러나 몸 구석진 곳에서 잠재되어 있는 암세포가 어느 순간 한번에 증상이 나타나게 되면 이미 말기로 진행되어 손 쓸 수가 없는 것처럼 어느 순간 고객님의 미래를 어쩔 수 없는 상태로 만들어 버릴 수도 있습니다.

어떠세요? 더 늦기 전에 고객님의 재무상황에 대해 점검해 볼 필요를 느끼지 않으세요? 내가 하고 있는 것들이 과연 내 인생계획과 맞는 상품인지, 이대로 하면 내 미래가 과연 얼마나 준비되는 것인지 확인해 봐야 하지 않겠습니까?

상기 스크립트에서 보듯이, 재무설계의 필요성을 니드환기하는 과정은 상품의 좋고 나쁨을 알려주는 과정이 아니라 '고객의 상황과 맞는가 안 맞는가' 만을 판단하는 것이다. 상품을 판매하기 위해 고객이 가입한 상품의 부정적인 면을 부각시킨다면 당장 상품을 팔 수는 있겠지만 고객의 신뢰를 얻기는 어렵다. 반면 고객의 재무목표와 일치하는지 점검하는 과정을 통해 신뢰를 형성할 수 있다면 고객은 더 많은 것을 재무설계사에게 맡기려 할 것이다.

❸ 재무설계 니드환기 요약

재무설계 초회 면담이 끝난 시점에 고객의 머릿 속에 다음과 같은 생각이 들게 한다면 성공적인 면담이라고 할 수 있다.

"인생에 재무목표를 세우는 것이 중요하구나.", "내 인생에는 무슨 목표가 있을까?"
"현재 내가 가입한 금융상품이 정말 나에게 도움이 되는 것일까?"
"재무적인 부분에서 도움을 받을 수 있는 조언자, 재무주치의가 필요하겠네."

만약 니드환기가 끝난 이후에도 '보험을 준비해야겠다', '노후를 준비해야겠다', '투자를 해 봐야겠다', 등의 생각이 고객의 머릿속을 지배하고 있다면 이것은 재무설계 니드환기를 한 것이 아니라 개별 상품에 대한 니드환기를 한 것이고 이 경우 상품 하나를 판매할 수는 있겠지만 고객의 재무상태에 대한 전반적인 점검과 관리를 통한 종합적인 실행은 어려워질 수 밖에 없다.

기존 시장이 상품을 판매하는 Sales의 시장이었다면 재무설계의 시장은 종합적인 점검을 바탕으로 실행을 유도하는 Consulting의 시장이다. 따라서 좀 더 큰 안목을 가지고 고객의 자산을 종합적으로 Consulting 할 수 있는 니드환기 방식으로 초회 면담을 진행한다면 이후 재무설계 프로세스를 진행하는데 큰 도움이 될 것이다.

[초회면담 핵심 주제]

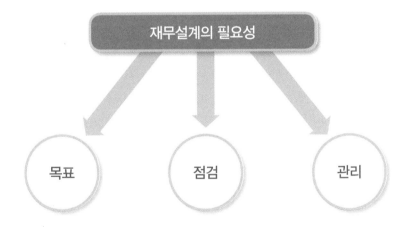

초회 면담의 완성,
관계 정립

❶ 관계정립의 목적

니드환기 과정을 통해 재무설계 필요성에 대해서 고객과 합의가 이루어지면 이제 본격적으로 고객과의 관계를 명확하게 정립해 놓는 것이 중요하다.

관계 정립은 고객과 재무설계사의 관계를 명확히 함으로써 향후 상담 과정을 원활히 진행하고자 하는 것이 주 목적이다. 내가 무엇을 하는 사람인지, 고객에게 어떤 도움을 줄 수 있는지, 그리고 나의 수입원은 무엇인지에 대해 사전에 명확하게 정립함으로써 향후 상담과정에서 발생할 수 있는 시간과 자원의 낭비를 줄이는 것이다.

고객과 재무설계사의 관계는 상황에 따라 다양하게 설정된다. 갑과 을의 관계일 수도 있고 대등한 관계일 수도 있다. 갑과 을의 관계가 무조건 나쁜 것도 아니며 대등하다고 해서 실행이 쉽게 이루어지는 것도 아니다. 다만 명확한 관계 정립을 통해 이번 상담이 재무설계사가 고객에게 제공하는 일방적인 상담이 아니라 상호 책임과 의무가 존재함을 고객에게 반드시 인지시키는 것이 중요하다.

관계정립은 다소 형식적인 과정이다. 그러다 보니 재무설계사들이 이 과정을 생략하거나 축소하기 쉽다. 그러나 내용이 아무리 좋더라도 논리에 맞지 않거나 순서가 잘못 되면 그 효과가 떨어지게 된다. 형식은 내용을 완성시킨다. 좋은 내용으로 재무설계의 필요성을 고객에게 인지시켰다면 정형화된 관계정립을 통해 초회면담을 완성시킬 수 있을 것이다.

❷ 관계 정립 내용

관계 정립 내용에 대해서는 정해진 기준이 있지는 않다. 쌍방 간에 계약서를 작성하는 것이 원칙이지만 재무설계사의 전문성, 고객과의 관계 등을 감안하여 상담 안내서 등의 간소한 형식적인 절차를 밟는 것도 한가지 방법이다.

고객과의 명확한 관계 정립을 위해 고객과 협의해야 할 내용 중 가장 필수적인 사항들을 요약하면 다음과 같다.

① 니드환기 과정을 통해 설명하였던 재무설계의 정의를 요약하고 필요성을 재확인한다.

② 이후 진행될 상담 과정 및 고객에게 제공되는 서비스에 대해 설명한다.

③ 재무상담에 필요한 기본 원칙 및 의무에 대해 설명한다.

④ 상담과 관련된 비용, 수수료 등 고객이 부담해야 할 사항에 대해 협의한다.

⑤ 상기 내용에 동의하면 고객과 재무설계사가 상호 서명한 후 1부를 고객에게 교부한다.

❸ 관계 정립 진행 절차

① 계약서 또는 상담안내서 숙지

관계 정립 내용을 고객과 함께 읽으면서 상담과 관련된 제반 내용에 대해서 고객과 협의한다.

이 교재에서는 소속 회사에 관계없이 재무설계사 누구나 범용할 수 있는 〈재무설계 상담 안내서〉 양식을 첨부하였다.

② 향후 재무상담 일정 및 장소 협의

관계 정립과 관련된 절차가 끝나고 고객이 재무상담 진행에 대해 동의하면 향후 재무상담 일정과 장소 및 참석할 가족 구성원에 대해 협의한다. 가급적 부부상담, 가정방문상담을 유도하여 의사결정 단계를 줄여가는 것이 중요하다. 고객과 합의된 일정 및 장소는 반드시 고객이 보는 앞에서 스케줄표에 기재하여 약속 준수에 대한 상호 의무를 인식시킨다.

③ 재무상담 준비 서류 안내

마지막으로 재무상담 시 필요한 서류를 알려 주고 다음 상담 시 준비해 올 자료를 고객에게 안내한다.

[재무상담 준비 서류]

금융자산	예적금, 채권, 펀드, 보험, 부채 관련 서류 또는 증권
부동산자산	소유자, 매입 시기, 금액, 대출관계, 계약기간 등
월별수입지출내역	가계 총 소득, 항목별 지출 금액 등
개인 및 가정의 재무목표	주택구입, 자녀교육, 사업자금, 노후준비 등

재무설계 상담 안내

본 안내는 재무설계 상담을 시작하기에 앞서 상담과 관련된 제반 내용 및 서비스에 대해 알려 드리고 FP(Financial Planner)와의 명확한 관계 정립을 통해 원활한 상담 진행을 도모하기 위한 과정입니다. 반드시 끝까지 읽어주시고 잘 검토하셔서 유익한 상담되시기를 바랍니다.

1. 재무설계의 정의

재무설계란 인생의 재무 목표를 설정하고 필요한 자금을 마련하기 위해 대안을 실행하고 점검해 나가는 일련의 과정을 말한다.

일반적인 재무목표로는 본인결혼자금, 주택마련자금, 자녀교육자금, 노후자금 그리고 보장자금 등이 있는데 이러한 자금의 특징은 대부분의 사람들에게 공통적으로 발생하는 보편적인 필요자금으로서 일정한 시기가 닥쳐오면 반드시 발생하고 그 규모가 커서 사전에 미리 계획하고 준비하지 않으면 마련이 어려운 자금이다. 따라서 재무설계를 통해 적절한 준비와 지속적인 점검이 수반되어야 한다.

2. 상담 과정

재무설계 상담은 다음과 같은 과정을 통해 진행된다.

(1) 1단계 - 재무설계 및 상담 서비스에 대한 이해
(2) 2단계 - 재무목표 설정 및 현재 재무상황에 대한 자료 수집
(3) 3단계 - 재무상태 및 현금흐름 분석을 통한 재무적 강약점 점검
(4) 4단계 - 재무목표별 필요자금 산출 및 실행안 제안
(5) 5단계 - 금융기관별 상품 비교를 통한 최적안 실행
(6) 6단계 - 정기 모니터링을 통한 점검

3. 제공 서비스

재무설계 상담 과정에서 제공되는 서비스의 내용은 아래와 같으며 필요에 따라 추가 또는 제외될 수 있다.

(1) 재무목표별 필요자금 분석 및 필요저축액 산출
(2) 현재 재무상황 및 투자 포트폴리오 점검
(3) 재무상태 분석표, 현금흐름 분석표 및 포트폴리오 보고서 제공
(4) 금융기관별/상품별 장단점 비교 및 투자 관련 교육 제공
(5) 전문가 제휴를 통한 부동산, 세금, 상속/증여 관련 자문 서비스 제공
(6) 실행 이후 정기 모니터링 및 비정기 자문 서비스 제공
(7) 경제 강의 또는 세미나 초청 및 간행물 발송

4. 상담 원칙

(1) 신의 성실의 원칙

재무설계사는 신의성실 원칙에 따라 고객을 보호하고 고객의 이익을 최우선으로 하는 서비스를 제공한다.

(2) 비밀 유지의 원칙

상담 중에 공개되는 개인 재무상황과 관련한 모든 정보는 재무설계 상담을 위한 용도로만 사용되며 고객의 사전 동의 없이 다른 목적으로 활용하거나 제3자에게 제공할 수 없다.

(3) 객관성의 원칙

재무설계사는 객관성과 독립성을 기반으로 정확하고 올바른 정보를 제공함으로써 고객이 재무상황에 가장 부합하는 결정을 내릴 수 있도록 지원한다.

5. 상담 비용

(1) 상품 연계 수수료

재무설계사는 제휴하고 있는 금융기관의 상품 중 고객의 재무목표 달성을 위해 가장 적합한 금융상품 포트폴리오를 제공하고 상품 내에 포함되어 있는 판매 수수료를 해당 금융기관으로부터 지급 받는다.

(2) 제휴사

증권사, 생명보험사, 손해보험사와 제휴되어 있으며 세부 명칭은 다음과 같다.

증권사 : ○○증권 등 1개사

생명보험사 : ○○생명, ○○생명 등 2개사

손해보험사 : ○○화재, ○○화재, ○○화재 등 3개사

(3) 상담수수료

재무설계 상담에 따른 수수료는 담당재무설계사와 협의 하에 별도로 정한다.

☐ 상담 수수료 　　　　　　　　

☐ 지인 소개 　　　　　　　　

본 상담과는 별도로 외부 전문기관 또는 전문가(변호사, 세무사, 회계사, 감정평가사, 공인중개사, 부동산 컨설턴트 등)와 연계한 특별상담을 하게 되는 경우 해당 기관의 규정에 따라 별도 수수료가 발생할 수 있다.

20　　년　　월　　일

고 객　　　　　　　　　　　　　　　FP

성 명 :　　　　　　(서명)　　　　성 명 :　　　　　　　(서명)

주 소 :　　　　　　　　　　　　　소 속 :

　　　　　　　　　　　　　　　　주 소 :

STEP2 목표설정 및 자료수집 (Fact Finding)

이번 단계는 재무상담 프로세스 두번째 단계로서 고객이 재무목표를 설정하도록 도와주고 고객의 현재 재무상황과 관련한 자료를 수집하는 단계이다. 고객은 첫번째 면담을 통해 재무설계의 필요성을 어느 정도 인지하고 있는 상태이므로 보다 세부적인 상담을 통해 자료를 수집하고 재무적 강약점을 발견해 내도록 한다.

수집 과정은 별도의 Fact Finding 양식에 따라 순서대로 진행하는 것이 원칙이지만 고객이 구체적인 재무목표를 가지고 있지 않은 경우에는 편의상 자료수집을 먼저 진행하고 이후에 재무목표에 대한 이야기를 진행하는 것이 좋다. 사실상 대부분의 고객이 재무목표가 없다기보다는 체계적으로 정리해 본 적이 없는 상태이므로 자료 수집 과정을 통해 흩어져 있는 고객의 재무목표를 대략적으로 정리할 수 있기 때문이다.

Fact Finding Opening
– 무엇을 도와드릴까요?

❶ 무엇을 도와드릴까요?

자료 수집에 있어서 가장 중요한 것은 초반부터 고객과의 관계가 어떻게 형성되는가 이다.

고객들은 자신의 재무정보에 대해 남에게 공개하기를 꺼려한다. 하물며 한두 번 잠깐의 만남을 가진 재무설계사에게 재무정보 전체를 공개한다는 것은 쉬운 일이 아니다. 이런 상황에서 고객을 만나자마자 관계 형성 과정 없이 바로 자료 수집을 진행하는 것은 고객과 재무설계사 모두에게 상당히 부담스러운 상황이 될 것이다.

따라서 자료수집의 첫 도입은 재무설계사가 궁금한 것을 질문하는 것이 아니라 고객이 궁금해 하는 것을 질문 받는 것에서부터 시작한다. 고객은 1단계 재무설계 니드 환기 과정을 통해 어느 정도 재무설계의 필요성을 느꼈기 때문에 자신의 재무상황과 관련하여 여러 가지의 궁금증을 가지고 있는 상태일 것이다. 따라서 재무설계사가 고객에게 처음 던져야 할 질문은 명확해진다.

"무엇을 도와드릴까요?",

"현재 고객님의 재무상태나 투자상황과 관련하여 궁금하신 점이 있으세요?"

이 질문은 고객과 재무설계사의 관계형성에 있어서 아주 중요한 의미를 지닌다. 이 한마디를 통해 고객은 도움을 요청하는 사람, 즉 "을"이 되고 반대로 재무설계사는 고객에게 도움을 제공하는 컨설턴트, 즉 "갑"이 되는 것이다. 이와 같이 고객과의 관계에서 컨설턴트로 인정받게 되면 차후 상담 진행이 훨씬 수월하게 이루어질 것이다.

❷ 전문가 vs 돌팔이

"무엇을 도와드릴까요?"라는 질문을 던지면 고객은 자신이 평소 궁금했던 금융과 관련된 의문점들을 재무설계사에게 질문할 것이다. 가입한 금융상품이 좋은지 나쁜지, 지금 하고 있는 투자가 잘한 것인지 잘못한 것인지, 여유자금을 어디에 투자하는 것이 좋은지 등 금융과 관련한 다양한 질문을 던지게 된다.

이 상황에서 적지 않은 재무설계사들이 오류를 범한다. 그것은 바로 재무설계사가 평소의 지식과 소신에 따라 그 즉시 답을 주려고 하는 것이다. 그리고 본인이 잘 모르는 질문을 받은 경우에는 당황하며 대충 넘기려 하는 것이다.

고객에게 질문을 받자마자 그 즉시 이것은 좋고 저것은 나쁘다고 답할 수 있는 재무설계사가 과연 전문가일까?

그렇지 않다. 우리나라 금융상품 중 나쁜 상품은 없다. 다만 고객의 상황과 맞지 않는 상품이 있을 뿐이다. 따라서 좋은지 나쁜지, 잘했는지 못했는지는 고객의 재무상태에 따라 달라지므로 고객의 재무목표와 재무 전반에 걸친 상황을 파악한 이후에야 알 수 있다.

명의일수록 결과를 처방하지 않고 원인을 처방한다. 머리가 아프다는 환자에게 아무 검사 없이 두통약을 처방한다면 그는 전문의가 아니다. 어느 부분이 아픈지, 언제부터 아팠는지, 다른 증상은 없는지 물어보고 때로는 MRI나 CT촬영 등의 심도 깊은 검사를 통해 증상을 파악하는 의사가 진정한 전문가이다.

재무설계사의 경우도 마찬가지이다. 고객의 상황을 모르는 상태에서 고객이 던진 질문에 일정한 답이 떠오른다면 그것은 일반적인 해답은 될지 몰라도 그 고객의 상황에 적합한 답은 되지 않는다. 따라서 고객의 질문을 들으면 들을수록 답이 떠오르는 것이 아니라 고객의 상황이 더욱 궁금해져야 한다. 고객이 던진 질문에 즉답을 해주는 재무설계사는 돌팔이이고 즉답을 해줄 수 없는 재무설계사가 진정한 전문가이다.

따라서 다음과 같은 과정을 통해 상담을 이끌어 나가는 것이 가장 전문적이면서 가장 효과적이다.

재무설계사는 고객이 물어보는 질문들을 메모하면서 계속 청취한다. 그리고 고객의 질문이 끝나면 다음과 같이 말한다.

"지금 질문하신 내용은 정답이 있는 것이 아니라 고객님의 상황에 따라 답이 달라지게 됩니다. 동일한 상품, 같은 투자방법이라 할 지라도 고객님의 재무 상황에 따라 좋을 수도 있고 나쁠 수도 있기 때문입니다. 따라서 고객님의 재무목표와 재무상태를 살펴봐야 질문에 대한 올바른 답을 드릴 수 있습니다. 그러기 위해서 몇가지 자료가 필요한데 지금부터 제가 여쭤보는 질문에 답해 주시기 바랍니다."

자기가 궁금해 하는 것에 대해 답을 알려 준다는데 싫어할 사람은 없을 것이다.

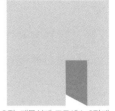

자료 수집의 목적

Fact Finding Opening이 끝났으면 이제 본격적으로 고객의 자료수집에 들어가보기로 하자.

자료 수집 과정은 고객의 재무적, 비재무적 자료를 수집하는 과정이다. 자료수집 단계에서는 단순히 고객이 불러주는 정보만을 수집하는 것이 아니라 고객의 재무 상황에 대한 심도 깊은 질문을 통해 고객이 가지고 있는 니드를 발견하고, 고객이 미처 생각하지 못한 것이 있다면 별도의 니드 환기를 통해 니드를 만들어내는 과정을 병행해야 한다.

또한 자료를 수집하면서 일정 수준의 분석평가가 이루어지기도 한다. 이론적으로는 자료 수집 과정에서는 자료 수집만 하고 이후 분석 평가 과정에서 강약점을 판단하는 것이 원칙이지만 고객과 마주하고 있는 자료 수집 현장에서 일정 수준의 분석평가를 통해 재무적 강약점을 정리해 주고 니드 환기가 이루어진다면 고객의 마음을 움직이는데 훨씬 효과적일 수 있다. 이 경우 상품을 Sales하는 판매자들이 활용하는 개별 상품에 대한 니드 환기 과정이 필요하기도 하다.

따라서 이 단계의 목적은 다음 세 가지로 분류된다.

❶ 자료 수집

정해진 양식을 바탕으로 다양한 질문을 통해 고객의 자산, 부채 등 재무상태에 관한 정보와 유입, 유출 등 현금흐름에 관한 사실적인 정보를 수집한다. 또한 재무적인 정보와 더불어 재무상태에 영향을 미칠 수 있는 비재무적인 정보에 대해서도 충분히 파악해야 한다.

❷ 니드 발견

상품 가입 또는 투자의 목적에 대한 구체적이고 심도 깊은 질문을 통해 고객 속에 내재되어 있는 니드나 재무목표를 발견한다. 대부분의 사람들은 현재를 살아가느라 미래의 목표에 대해 깊게 생각해 본 적이 없는 상태이므로 목표가 모호하거나 정리되어 있지 않다. 따라서 이 시간을 통해 고객은 본인의 생각을 정리해 보는 기회를 갖게 되고 이 과정에서 잠재되어 있던 니드를 깨닫거나 새로운 니드를 만들어 내기도 한다. 이것은 자료 수집 이후에 진행될 재무목표 설정 과정에 큰 도움을 주게 된다.

❸ 니드 환기

자료 수집 중에 고객의 재무상황에 문제가 있거나 기초적인 준비조차 미흡한

점을 발견했을 때에는 별도의 니드 환기 과정을 통해 추가적인 준비 또는 재무상태 조정의 필요성을 설득해야 한다. 예를 들면, 장기투자의 필요성, 노후준비의 필요성, 위험관리의 필요성 등 개별적인 상황에 대한 니드 환기를 통해 일정한 준비의 필요성을 알리는 것이다.

고객이 필요로 하는 것, 고객이 원하는 것만을 해결해 주는 것이 재무설계사의 역할이 아니다. 행복한 삶을 위해 기본적으로 필요한 준비에 대해서는 고객과 타협해서는 안 된다. 따라서 고객의 목표를 최대한 존중하되 고객이 미처 인지하지 못하고 있는 기본적인 준비에 대해서는 고객이 원하지 않더라도 별도의 니드 환기 과정을 통해 반드시 설득해야 하는 것이 재무설계사의 역할이기도 하다.

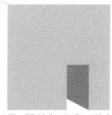

자료 수집 항목별
핵심 Point

그렇다면 자료 수집 단계에서 어떤 정보를 수집하고 수집된 정보를 통해 무엇을 발견하고 무엇을 니드 환기해야 하는지 세부적인 내용에 대해 알아보기로 하자.

자료수집시 사용되는 Fact Finding 양식을 다음과 같이 첨부하였다. 기본 양식은 회사별로 다르고 고객의 재무 상황에 따라 수집되는 자료의 양도 차이가 있겠지만 통상적인 상황에서는 다음 양식을 사용해도 큰 무리가 없을 것이다.

관련 파일은 FP아카데미(www.fpacademy.co.kr) 자료실에 공개되어 있다.

[자료 수집 양식] 본문 71-74p 참조

■ 재무상담 기초 자료

1. 인적사항

구 분	성 명	주민번호	생일(양/음)	직장/학교	부서/학년	직 위
본 인		-				
배 우 자		-				
자 녀 1		-				
자 녀 2		-				
자 녀 3		-				
기 타		-				
자택주소				결혼기념일		
자택전화	( ) -		휴대폰			
직장전화	( ) -		e-mail			

2. 재무목표 (단기 : 3년이내, 중기 : 10년이내, 장기 : 10년이후)

재 무 목 표	예상시점	필요금액	세 부 내 용

2-1. 은퇴 예상

구 분	현재나이	은퇴예상시점	예상 수명	월 생활비	간병기간	월 간병비	비 고
본 인	세	세	세	만원	년	만원	
배우자	세	세	세		년	만원	

2-2. 자녀 교육 및 결혼 예상

자녀성명	교육비	대 학 교	대학원/ 유학	비 고	결혼시기	결혼비용	비 고
	만원	만원	만원		세	만원	
	만원	만원	만원		세	만원	
	만원	만원	만원		세	만원	

▣ 재무상담 기초 자료

3. 자산 및 부채 현황

3-1. 금융자산 : 예금, 적금, 펀드, 퇴직금 등

상품명(기관)	평가액	소유자	가입일	만기일	월 납입액	적용이율

3-2. 부동산 자산 : 아파트, 상가, 토지, 전세자금 등

자산명(형태,평형)	現 시가	취득가	소유자	구입일	만기일	비 고

■ 재무상담 기초 자료

3-3. 연금자산 : 공적연금, 퇴직연금 및 개인연금 상품

상품명(기관)	월 납입액	소유자	가입일	납입기간	연금개시시기	비 고

* 비고: 이자율 조건, 소득공제 여부 등

3-4. 보험자산 : 생명보험, 손해보험 등 위험관리자산

상품명(기관)	월 납입액	계약자	피보험자	가입일	만기일	비 고

3-5. 기타자산 : 자동차, 각종 회원권, 소장품 등

자산명(기관)	소유자	평가액	취득액	구입일	만기일	비 고

3-6. 부채내역

상품명(기관)	부채원금	대출잔액	적용이자율	소유자	대출일	만기일	상환방법

▣ 재무상담 기초 자료

4. Cash Flow

현금 유입	금 액	현금 유출		금 액
본인 소득(사업,근로)		고정지출	각종보험료	
배우자 소득			부채상환금	
부동산 임대 소득				
이자 , 배당 소득				
연금 , 기타 소득				
		변동지출	생활비	
			교육비	
		저축과 투자	채권형	
			주식형	
			연금형	

5. 기타 상담 내용

❶ 인적사항

성명, 주민번호, 주소, 이메일, 직업, 가족관계 등 개인의 신상에 관한 정보를 수집한다. 미혼의 경우 결혼 계획 여부에 대해 파악하고, 기혼자의 경우 자녀 유무 및 향후 자녀 계획에 대해 파악한다.

주민번호 등 고객이 공개를 꺼려하는 정보의 경우 자료 수집 초기 단계에 요청하는 것보다는 자료 수집 과정을 통해 고객과의 신뢰를 어느 정도 형성한 이후 상담 말미에 요청하는 것이 좋다.

❷ 금융자산

저축 또는 금융 투자 등 고객이 보유하고 있는 금융과 관련된 자산에 대한 정보를 수집한다. 수집항목은 상품명, 가입기관, 소유자, 가입일자, 만기일자, 월납입액, 현재 잔고, 이자율(수익률) 등의 상품에 관련된 기본 정보들이다.

고객의 금융자산을 수집하다 보면 기본적인 준비나 배분 상태에 다양한 문제를 발견하게 되는데 주로 발견되는 문제점과 각각의 니드 환기 포인트에 대해 알아보자.

① 명확한 가입목적이 없다.

"왜 가입하셨습니까?

금융자산에 대한 정보를 수집하면서 상품 또는 종목마다 이 질문을 던지며 가입목적을 확인한다. 이에 대한 고객의 답변은 다음과 같은 경우가 많다.

"글쎄요" "나중에 필요할 거 같아서" 등 뚜렷한 목적이 없이 가입한 경우

"절세하려고" "수익이 높아서" 등 상품의 특징을 상품의 목적으로 혼동하고 있는 경우

"돈 좀 불려서 집 사는데 보태려구요" 등 오락자금으로 목적자금을 만들려는 경우

목적이 없는 경우

앞서 1단계에서 목적이 없는 투자는 실패할 가능성이 크다라고 수차례 언급한 상황이므로 이 질문만으로도 고객 스스로가 문제점을 깨닫게 될 것이다. 따라서 재무설계사는 고객이 가입하고 있는 상품의 특징과 장단점을 파악하면서 목적이 없는 경우 해당 금융상품에서 어떤 문제가 발생할 수 있는지 알려주어야 한다.

상품의 특징과 상품의 목적을 혼동하고 있는 경우

금융 상품에 가입한 이유가 '소득공제' '수시입출금' '수익성' 등이라면 이는 상품의 특징과 목적을 혼동하고 있는 경우이다.

목적이란 고객의 인생 재무목표를 의미하는 것인데 위와 같은 상품의 특징은 목표도 아니고 고객의 인생목표가 되어서도 안 된다. 상품이 아무리 좋은 특징과 장점을 가지고 있다 하더라도 그것이 고객의 인생 재무목표와 일치하지 않는 경우 그 장점이 오히려 고객에게 단점이 될 수 있다.

여기서 반드시 명심해야 할 상담의 핵심 포인트는 좋은 상품인지 나쁜 상품인지를 판단하는 것이 아니라 고객의 생각, 고객의 상황과 일치하는지를 판단하는 것이다.

오락자금과 목적자금을 혼동하고 있는 경우

직접 투자를 하는 고객들은 주식으로 돈을 불려서 나중에 무엇인가를 하려고

하는 경우가 많다. 그러나 이는 오락자금과 목적자금을 혼동하고 있는 것이다.

직접 투자는 고객 스스로 무언가를 조정해보고 싶어하는 오락성 짙은 경우가 대부분이다. 따라서 목적자금이라기보다는 오락자금에 가깝다. 이러한 자금은 아무리 목적을 부여하려고 해도 결국 시장의 변동에 좌우될 수 밖에 없으므로 목적자금으로 돌아오기 어렵다. 오히려 조금 수익이 난다 싶으면 정상적인 목적자금 투자마저 오락자금으로 감염시킬 가능성이 커진다.

따라서 재무설계사는 오락자금을 일정 한도로 제한하도록 권유하여야 한다. 컴퓨터 게임에 빠져 하루종일 시간을 보내고 있는 아이이게 컴퓨터 게임을 하지 못하도록 컴퓨터를 빼앗는 것은 그리 좋은 방법이 아니다. 집에서 못하면 부모 몰래 밖에서라도 할 것이기 때문이다. 컴퓨터 게임을 좋아하는 아이를 컨트롤하는 가장 좋은 방법은 게임을 하는 것은 허락하되 일정한 시간만 하도록 제한을 두는 것이다.

놀기 싫어하는 사람은 없다. 따라서 인생에 있어서 오락자금이 필요한 것은 사실이다. 그러나 그것은 어디까지나 일부여야 하고 그로 인해 정상적인 투자와 인생 전체가 오락이 되어서는 안된다. 따라서 재무설계사는 오락자금을 무조건 말리기보다는 적정한 규모로 제한하여 목적자금으로부터 분리될 수 있도록 조언하여야 한다.

② 안정성 자산에만 집중되어 있다.

최근에 주가가 상승하면서 가계자산 중 주식 편입 비중이 많이 증가했지만 아직도 적지 않은 가계의 자산이 은행 예적금 등의 안정 자산에 집중되어 있다. 안정성은 누구나 희망하는 것이지만 저금리 고물가 시대를 사는 지금, 안정성이 더 이상 안전하지만은 않은 상황이므로 이에 대한 별도의 니드 환기를 통해 안정성 자산과 수익성 자산을 분산하도록 조언해야 한다.

고객의 자산이 안정성 자산에만 집중되어 있는 이유는 다음과 같다.

어떻게 투자해야 할지 모르겠다.

저금리 시대에 은행 금리에 만족하는 사람은 거의 없다. 그런데 높은 이자를 받으려면 동시에 위험을 감수해야 하는데 안정적인 예적금 위주의 저축만 해온 사람들에게 투자 시장은 매우 낯선 곳일 수 밖에 없다. 투자해야 할 필요성은 알지만 방법을 몰라 차일피일 미루고 있는 것이다.

이런 고객들에게는 체계적인 투자 교육과 올바른 투자 방향을 알려 줄 재무설계사의 필요성이 절실하다. '어떻게 투자해야 할 지 모르겠습니다'라고 말하는 고객은 '나는 재무설계사님이 필요합니다.'라고 말하고 있는 것이다.

위험성이 있는 자산에 투자하는 것이 두렵다.

과거에 투자 실패 경험이 있거나 주변에서 실패한 사례를 본 경우 투자 자체를 꺼리게 된다. 투자를 꺼리는 근본적인 이유는 원금 손실에 대한 불안 때문이다.

이 경우 일반적인 재무설계사들은 저금리, 고물가에 대한 니드 환기를 통해 위험 자산 투자의 필요성을 강조하려 한다. 그런데 이 방법은 두려움을 해소하는 것이 아니라 두려워도 어쩔 수 없이 해야 한다 라고 이야기하며 두려움을 극대화하는 **Negative(부정적인) 설득**이다. 당장은 큰 문제가 없이 잘 살고 있는데 나중을 위해 지금 불구덩이로 뛰어들어가야 한다고 설득한들 몇 명이나 뛰어들어갈까? 불안을 해소하는 가장 좋은 방법은 위험해도 해야 한다고 강제하는 것이 아니라 위험하지 않다고 안심시키는 것이다. 다시 말해서 투자라는 것이 잘 모르고 뛰어들면 위험한 것이지만 제대로 알고 올바른 방법으로 실행한다면 매우 안전한 것임을 설득하는 것이다. 이것이 바로 **Positive(긍정적인) 설득** 방법이다.

실제로 위험한 게임, 위험한 레포츠들도 사전에 기초 지식과 방법을 훈련하고 규칙에 맞게 실행하면 위험이 없지만 사전 준비 없이 규칙도 모른 채 무작정 시작하다가 큰 사고를 당하게 되는 것이다.

주식 투자가 무조건 위험이 없다고 말하는 것은 잘못이지만 올바른 투자 원칙을 꾸준히 지키면 사실상 거의 모든 위험을 제거할 수 있다. 따라서 투자 위험을 제거하는 올바른 투자 방법(별첨 스크립트 참조)을 통해 고객을 안심시키는 것이 불안을 제거하고 합리적인 투자를 유도하는 가장 좋은 방법이다.

인간의 두뇌 구조를 보면 수치적인 불안은 좌뇌가 받아들이는 것이고 안심은 우뇌가 받아들이는데 최종 결정을 하는 것은 우뇌이다. 따라서 우뇌가 원하는 안심을 설득하는 것이 더 중요하고 효과적이다.

[Negative(左) vs Positive(右)]

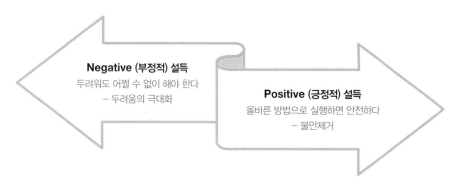

Negative (부정적) 설득
두려워도 어쩔 수 없이 해야 한다
– 두려움의 극대화

Positive (긍정적) 설득
올바른 방법으로 실행하면 안전하다
– 불안제거

안정성 자산과 수익성 자산을 어떻게 배분하는 것이 합리적인지에 대한 내용은 5장 자산배분 방법에 자세히 설명되어 있다.

사장님께서는 주식에 투자해서 성공하셨나요?

많은 사람들이 투자에 실패하고 주식이라는 말만 들어도 몸서리치는 사람들도 있습니다.

하지만 차분히 살펴보면 실패한 데는 그만한 이유가 있습니다.

주식투자는 실패한 경우의 반대로만 하면 반드시 성공할 수 있습니다.

오늘 제가 투자에 성공하는 다섯가지 원칙을 말씀 드릴텐데요, 이 이야기를 들으시는 것만으로도 수십억의 가치가 있으실 겁니다.

첫번째 원칙은 우량한 주식에 투자하라는 것입니다.

대표적으로 삼성전자, 포스코, 현대차 등…

사장님은 주로 어느 종목에 투자하셨습니까? 혹시 삼성전자 사 보신 적 있으세요?

땅도 주식도 좋은 것을 사야 한다는 것은 누구나 다 아는 상식입니다.

하지만 대부분의 개인 투자자는 대박의 꿈을 안고 저가주나 코스닥에 투자했다가 결국 쪽박을 차죠. 장기적으로 보면 저가주보다 우량주들이 더 큰 수익을 올리게 됩니다.

그런데 좋은 주식 샀다고 모두 성공할까요?

그렇지 않습니다. 아무리 좋은 주식이라고 해도 위험이 존재하므로 여러 종목에 분산 투자하셔야 합니다. 이것이 바로 두번째 원칙입니다.

분산 투자하게 되면 시장의 급등락 상황에서도 안정적인 수익을 낼 수가 있습니다.

사장님도 분산 투자하셨나요? 몇 종목이나 사셨어요?

전문가들의 견해에 따르면 제대로 분산 투자하려면 적어도 30~50종목에 투자해야 한다고 합니다. 가능하시겠어요?

우량주를 선별하는 것도 그렇고 수십 개의 종목에 투자하는 것도 전문가가 아니면 쉽지 않습니다. 따라서 세번째 원칙이 바로 간접투자 원칙입니다.

간접 투자하면 수수료 때문에 오히려 본인 스스로 하는 것이 낫다고 생각하시는 분들이 계신데 결국 그런 분들이 일반 펀드보다 좋은 수익을 내시던가요?

주식투자는 아주 전문적인 분야입니다. 따라서 주식을 매일 보지 않는 일반인들이 밥먹고 주식만 연구하는 전문가를 이기는 것은 쉽지 않습니다. 그렇다고 사장님께서 생업을 제쳐두고 매일 주식만 보고 계실 수는 없으시잖아요? 사장님께서는 사장님 전문분야에 전념하시고 투자는 수수료를 지불하고서라도 투자 전문가에 맡기시는 것이 훨씬 효율적입니다.

네번째 원칙은 분할투자입니다. 아무리 간접투자라 해도 목돈을 맡기고 불안하지 않은 사람은 없습니다. 왜냐하면 하루에도 적게는 수십만원, 많게는 수백, 수천만원이 왔다 갔다 하기 때문이죠. 그리고 불안하다 보면 투자원칙을 제대로 지킬 수가 없습니다.

반대로 분할투자를 하게 되면 큰 돈이 들어가지 않기 때문에 시장의 흔들림에서 자유로울 수 있고, 정기적으로 분할 투자되기 때문에 비용평균기법에 의해 위험을 줄일 수 있습니다.

위 4가지 법칙을 다 지키신다 해도 마지막 5번째 법칙을 지키지 않으면 아무 효과가 없습니다. 5번째 원칙은 바로 장기투자입니다.

주식시장에는 순환주기라는 것이 있어서 지속적으로 요동을 치면서 상승하기 마련인데 단기로 투자하시는 분은 순환주기를 한 번 이상 돌지 않은 상태에서 돈이 필요하게 되면 손해를 볼 수도 있습니다.

삼성전자라는 주식 아시죠? 아주 우량한 종목이죠…

삼성전자가 90년대 초반에 주가가 얼마였는지 아세요?

3만원이었습니다. 지금은 얼마입니까? 60만원입니다.

삼성전자 같은 우량한 주식도 많은 흔들림과 요동이 있었습니다.

하지만 10년만 묶어 두었으면 누구나 20배, 2000%의 수익을 올릴 수 있었습니다.

하지만 주변에서 삼성전자로 돈 벌었다는 사람 보셨어요?

바로 장기 투자하지 않았기 때문입니다.

아파트를 가지고 있었던 사람이 돈 벌었다는 얘기는 많이 들으셨죠?

왜 그랬는지 잘 생각해 보세요…

아파트를 사서 10년 이상 쭉 살다 보니 가격이 오른 거지 샀다 팔았다 해서 이익 본 사람은 몇 없습니다. 아파트나 주식이나 장기투자가 답인 거죠..

이제 5가지 원칙이 이해 되시겠습니까?

어떠세요? 지금까지는 이 반대로만 하지 않으셨나요?

그러니깐 실패하신 거죠…

지금까지 말씀드린 우량주, 분산, 간접, 분할, 장기 이 다섯가지 투자원칙만 지키신다면 어떤 경우에도 성공하는 투자를 하실 수 있을 겁니다.

③ 수익성 자산의 경우 분산 투자를 통한 위험 관리가 미흡하다.

최근 주식 투자가 열풍처럼 퍼지면서 적지 않은 사람들이 펀드에 가입하고 있다. 그런데 펀드에 가입한 사람들은 많지만 제대로 가입하고 있는 사람들은 많지 않다. 투자에 대한 올바른 지식도 없을 뿐만 아니라 가장 중요한 위험(Risk) 관리가 되어 있지 않은 것이다.

투자에서 가장 중요한 것은 수익이 아니라 위험관리이다. 수익을 많이 내도 위험관리가 되어 있지 않으면 순식간에 모든 것을 잃을 수 있다. 반면에 위험관리를 잘 하면 단기적으로는 수익성에서 뒤쳐지는 것처럼 보이지만 장기적으로 더 큰 수익을 가져다 주게 된다. 위험 관리를 위한 가장 좋은 방법이 바로 분산 투자이다.

분산 투자의 목적은 주식이 가진 위험과 사람이 가진 감정의 위험을 동시에 줄이는 것이다. 분산 투자를 하게 되면 일차적으로 개별 주식, 개별 펀드가 가진 위험이 분산된다. 각각의 주식, 각각의 펀드는 큰 변동성을 가지고 있는데 변동성이 커지면 시장의 흔들림에 따라 투자자의 감정이 함께 흔들리면서 일희일비하다가 결국 투자에 실패하게 된다. 그런데 변동성이 줄어들면 시장의 흔들림에서 무뎌지게 되므로 안정성이 강화된다. 이를 통해 장기 투자가 가능해지고, 투자 수익이 증가하게 된다.

[한 줄에 매달린 엘리베이터와 세 줄에 매달린 엘리베이터]

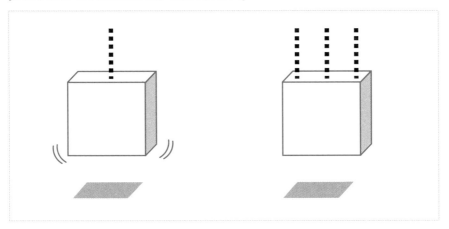

따라서 더 큰 수익을 위해 위험관리가 필요하고 위험관리를 위해 분산투자가 필요함을 고객에게 설득해야 한다. 분산 투자에 대한 방법은 5장 자산 배분을 참조하기 바란다.

④ 기간별로 배분되어 있지 않다.

인생의 재무목표는 3년 이내의 비교적 단기목표도 있고 그 이상의 중기목표도 있으며 10년 이상의 기간이 필요한 장기목표도 있다. 따라서 저축과 투자도 그 목표에 맞춰서 이루어져야 한다.

그런데 대부분의 사람들이 단기 상품은 쉽게 가입하고 많이 보유하고 있는 반면, 장기 상품에 대한 투자는 쉽게 결정하지 못한다. 그러다 보니 목표는 다양한데 투자기간은 그에 맞게 분산되어 있지 않은 경우가 많다.

띠라서 금융상품의 기간별 분산, 그 중에서도 특히 장기 상품에 대한 별도의 준비가 필요함을 설득하여야 한다. 재무목표 기간에 따른 자산 배분 방법에 대해서는 5장 자산 배분에 자세히 설명되어 있다.

⑤ 비상예비자금에 대한 준비가 없다.

금융자산 자료수집에서 마지막으로 확인해야 할 내용은 바로 비상예비자금의 준비 여부이다. 비상예비자금이란 가장의 실직, 이직, 상해, 사망 등으로 인해 일시적으로 재정적인 어려움이 발생할 경우를 대비해 미리 준비해 놓는 자금을 말한다. 그런데 대부분의 가정에서 비상예비자금의 중요성을 모르고 있을 뿐만 아니라 별도로 준비하고 있는 경우도 거의 없다. 이런 상황에서 가계에 비상 상황이 발생하면 어떻게 될까?

비상예비자금이 준비되어 있지 않은 고객에게 다음 질문을 던져보자.

"만약 가계에 비상상황이 발생한다면 어떡하시겠습니까?"
이 질문에 대부분 이렇게 답한다.
"적금 깨죠", "펀드 해약하지", "대출 받으면 되죠"

이 말은 결국 가계의 모든 자산이 비상예비자금으로 바뀔 수 있다는 말이다.

가계의 자산을 비상예비자금으로 쓸 수는 있다. 그러나 이 경우 저축과 투자를 통해 실현하고자 했던 재무목표는 물거품이 될 뿐만 아니라 중도 해약, 대출 등으로 인해 발생하는 손실은 모두 고객이 감수해야 한다.

재무설계를 실행하게 되면 모든 저축과 투자에 목표가 부여되므로 고객의 재무목표가 전보다 훨씬 명확해진다. 따라서 그 목표가 손상되거나 포기되지 않기 위해 비상예비자금이 별도의 항목으로 준비되어 있어야 한다.

[재무설계] = 모든 저축, 투자와 자산에 이름표를 붙여주는 것

예를 들어, 무작정 아무 목표 없이 펀드에 가입했다면 비상시에 아무 생각 없이 깨서 쓸 수 있겠지만 자녀의 미래 대학교육자금을 위해 펀드에 가입했다면 비상시에 쉽게 깰 수 없을 것이다. 왜냐하면 재무설계 이전에 깨는 것은 펀드이지만 재무설계 이후에 깨는 것은 자녀의 꿈이기 때문이다.

따라서 재무설계 과정에서 고객의 자산 항목에 3~6개월 치의 생활비에 해당하는 비상예비자금을 준비해 주는 것은 반드시 필수적인 작업이다.

핵심 Point 금융자산 분석

- **금융상품에 가입한 목적이 무엇인가?**
- **안정성과 수익성을 적절히 배분하고 있는가?**
- **수익성 자산에 대한 위험관리가 제대로 되고 있는가?**
- **재무목표에 따른 기간별 배분이 적절한가?**
- **비상예비자금이 준비되어 있는가?**

---

③ 부동산자산

> 주택, 상가, 토지, 전/월세 등 부동산 자산에 대한 정보를 수집한다. 수집 항목은 자산명, 형태, 소유자, 현재시가, 취득가, 취득일, 만기일, 취득목적, 부채 여부 등의 정보이다.

부동산 자료수집 시 유의하여야 할 점은 부동산 시장의 전망에 대해 고객과 논쟁해서는 안 된다는 것이다. 부동산 가격이 오를 지 떨어질 지에 대해 섣부른 견해를 제시해서 고객의 반감을 유발할 필요가 없다. 만약 재무설계사가 부동산 자산의 처분을 유도하기 위해 부동산 가격이 하락할 것이라고 강조한다면 부동산을 보유한 고객이 기분 좋을 리가 없기 때문이다.

부동산 시장에는 수많은 변수가 존재하므로 부동산 시장이 어떻게 변화할 지는 누구도 예측할 수 없다. 따라서 단편적인 정보와 지협적인 분석자료를 가지고 마치 전문가인양 부동산 시장의 전망에 대해 고객과 논쟁하는 것은 무의미한 시간 낭비이다.

재무설계 전문가는 부동산 시장의 방향에 대한 논쟁보다는 부동산 가치에 대한 기본적인 분석을 통해 진정으로 이 부동산을 보유할 가치가 있는지를 검토하는 것이 바람직하다.

부동산에 대한 분석은 크게 다음 3가지 관점에서 검토한다.

① 기회비용 분석

이 세상에 투자할 자산이 부동산 한 가지밖에 없다면 부동산 가격이 단 1%만 가격이 올라도 투자 가치가 있다고 할 수 있다. 그런데 실제로 세상에는 주식, 채권, 실물자산 등 수많은 투자 대상들이 존재하고 부동산은 수많은 투자대상 중 하나에 불과하다. 또한 부동산 가격이 지속적으로 상승하던 시대에는 부동산만 연구해도 높은 수익을 올릴 수 있었지만 이제는 더 이상 그렇지 않다. 따라서 과거처럼 다른 투자 대상의 수익성을 무시한 채 부동산 하나만을 가지고 투자의 성패를 논하는 것은 이제 우스운 일이 되었다.

재무설계사의 역할은 고객의 재무목표를 달성하기 위해 수많은 투자 대상에 어떤 비율로 자산을 배분하는 것이 효과적인지를 알려주는 것이다. 따라서 재무설계사가 고객과 이야기해야 할 부분은 '부동산 시장 예측'이 아니라 다른 투자자산과의 비교, 즉 부동산에 투자함으로써 포기해야 하는 다른 투자대상의 가치에 대한 비용이다. 이를 경제 용어로 '기회비용'이라고 한다.

[기회비용] = 무언가를 얻기 위해서 다른 것을 포기해야 하는 것에 대한 비용

내가 얻을 수 있는 수익보다 포기해야 하는 비용이 더 크다면 그 투자는 무의미하다. 따라서 재무설계사들은 부동산 투자의 적정성을 판단할 때 기회비용 이상의 높은 수익을 올릴 가능성이 있는지를 먼저 고려해야 한다.

기회비용과 관련하여 다음 식을 살펴보자.

[요구수익률] = 실질무위험이자율 + 화폐가치하락보상률 + 투자위험보상률

부동산에 투자함으로써 요구되는 최소 수익률은,

첫째로 아무 위험이 없이 얻을 수 있는 무위험 이자율보다는 높아야 한다. 예를 들어, 원금 손실의 위험이 거의 없는 국채나, 우량한 시중은행 예금 이자율이 연 4%라면 안정적인 4%의 이자를 포기한 채 위험을 감수하고 투자해야 하는 부동산의 수익률은 최소한 연간 4% 이상의 수익을 보장해야 투자 효과가 있는 것이다.

둘째로 물가상승률 이상의 수익이 보장되어야 한다. 연간 3% 정도로 물가가 상승하는데 투자한 자산의 가치가 그만큼 상승하지 않는다면 사실상 손실을 보게 된다.

셋째로 해당 투자자산이 가지고 있는 고유의 위험과 투자로 인해 발생되는 비용 이상의 수익이 발생해야 한다. 부동산 투자 시에 발생하는 비용과 위험은 다음과 같은 것들이 있다.

[부동산 투자시 발생하는 비용 및 위험 요소]

각종 세금	취득시(취득세/등록세), 보유시(재산세/종부세), 매도시(양도세/상속세/증여세) 등
각종 비용	거래비용(중개수수료,국채매입), 관리비용(관리인,내부수리,리모델링), 금융비용(대출이자,취급수수료), 공실비용, 감가상각 등
위험 요소	공실 증가, 월세수금 지연, 세입자와의 관계 악화, 자산가치 하락, 상권의 변경, 자영업 위축 등 경제동향, 환금성 악화 등

이처럼 기회비용을 분석하면 부동산 투자로 인해 포기해야 하는 금전적, 정신적 비용들이 적지 않음을 알 수 있다. 따라서 이러한 위험과 비용을 보상하고도 남을 만큼의 수익이 보장되어야 투자 가치가 있는데, 만약 세금과 비용 등을 모두 감안한 부동산 투자 수익률이 위험이 거의 없이 얻을 수 있는 국채 등의 무위험 이자율보다 낮고 물가상승률조차 따라가지 못한다면 그 부동산은 사실상 투자 가치가 없는 것이다.

현실적으로 볼 때, 우리나라에 현존하는 부동산 중 위의 요구수익률을 만족할 만한 가치가 있는 부동산은 찾아보기 힘들다. 따라서 이러한 기본적인 분석을 무시한 채 가격이 오를 것이라는 막연한 기대만으로 부동산에 투자하는 것은 가계에 엄청난 위기를 초래할 가능성이 높다.

과거 부동산 가격의 상승을 거듭하던 시대에는 이런 기본적인 분석이 무시되었지만 이제는 기초적인 가치 분석을 통해 투자 여부를 판단해야 한다. 이것이 바로 부동산과 관련하여 재무설계사가 해야 할 역할이다.

② 부동산 담보 대출의 적정성 분석

주택을 구입할 때 현재 보유하고 있는 금액 한도 내에서 주택을 구입하면 재무상황에 별다른 문제가 생기지 않는다. 그러나 현실에서는 거의 모든 주택 구입자들이 대출을 끼더라도 좀 더 나은 지역, 좀 더 큰 규모의 주택을 구입하려고 한다. 그런데 대출금액이 일정한 규모를 초과하게 되면 재무상태에 부담이 발생하게 되고 가계에 급작스런 위험이 발생할 경우 큰 문제를 초래하게 된다. 따라서 재무설계사는 적정한 대출 기준을 제시하여 고객의 재무상황에 무리가 가지 않도록 조언하여야 한다.

재무설계 관점에서 적정 대출규모는 7:3:3 원칙을 기준으로 하는 것이 좋다. 내용은 다음과 같다.

[7:3:3 원칙]

- 총 구입금액 중 현재 보유하고 있는 자기자본이 70%이상이어야 한다.
- 총 구입금액 중 타인자본, 즉 대출금액이 30%이내이어야 한다.
- 대출금액을 상환하기 위해 매달 지출하는 비용이 월 소득의 30%이내이어야 한다.

이와 같은 기준이 필요한 이유는 다음과 같다.

- 남의 돈의 비중이 커질수록 순수한 거주목적보다는 투자성향이 짙어지고 나아가 투기로 발전하기도 한다. 결국 부동산 가격의 흔들림에 영향을 받게 되고 가격이 떨어질 경우 심리적으로 큰 불안에 시달리게 되어 결국 거주 자체가 불안정해지게 된다.
- 대출을 빨리 상환하기 위해 월 상환금액을 높이게 되면 가계 재정에 비정상적인 상황이 발생되며 이것이 지속될 경우 또다른 대출이나 재정적인 문제가 발생하게 된다. 또한 상환을 일찍 끝낸다 하더라도 더 나은 주택에 대한 욕심으로 인해 또다시 대출을 발생시키게 되므로 결국 대출만 상환하다가 다른 재무목표를 준비할 시기를 놓치게 된다.
- 과거 부동산 가격이 지속적으로 상승하던 시기에는 대출금액의 비중이 다소 높아도 버틸 수 있었지만 향후 부동산 시장의 하향 안정화를 예상한다면 대출 비중과 상환 부담을 줄이는 방향으로 고객에게 권고하는 것이 바람직하다.

따라서 무리한 대출을 삼가고, 상환기간을 늘리더라도 월 상환액을 적정수준 이하로 줄여서 가계 재정상황을 안정적으로 유지하는 것이 장기적으로 현명한 부채 관리 방법이다.

③ Life Cycle 분석

내 집을 가지고자 하는 것은 인간의 기본적인 욕구이다. 이런 욕구가 틀린 것은 아니지만 집을 반드시 사야만 하는지, 이 지역에 사야 하는지, 그리고 그 시기가 지금이어야 하는지는 한번쯤 고민해 봐야 할 일이다.

원래 집이라는 것은 거주의 수단이다. 그러나 거주가 바로 소유를 의미하는 것은 아니다. 본질적인 관점에서 볼 때, 내 집 마련은 말 그대로 내가 내 인생에 걸쳐 평생 살 거처를 마련하는 것이다. 어느 광고 카피에도 나와있듯이 "살(buy) 것"이 아닌 "살(live) 곳"을 마련하는 것, 이것이 바로 내 집 마련의 본질적인 개념이다. 투자목적으로 주택을 구입한다면 다른 무엇보다도 가격의 상승 가능성이 높은 곳을 고르는 것이 가장 중요하다. 그러나 거주 목적이라면 개인의 상황, 개인의 라이프사이클에 따라 필요한 거주환경 조건이 달라지므로 이에 맞춰 선택해야 한다. 이것이 바로 Life Cycle에 따른 분석이 필요한 이유이다.

부증성과 부동성

부동산의 가장 큰 특징은 부증성과 부동성이다. 즉 크기를 늘리기 어렵고 이동시킬 수 없다는 점이다. 따라서 거주의 목적으로 집을 구입한다면 더 이상 늘릴 필요가 없는 규모의 집을, 장기적으로 거주할 지역에 구입하는 것이 바람직하다.

그런데 젊은 시기는 자녀의 성장으로 인해 주택의 규모를 지속적으로 넓혀 가야 하는 시기이다. 더불어 직장의 이동, 자녀교육 문제 등으로 인해 거주지를 옮겨야 하는 상황도 자주 발생한다. 따라서 부동산의 특징과 정면으로 배치되는 시기이다. 이 시기에 고정된 장소에 고정된 규모의 집을 갖게 되면 시간이 지날수록 불편함이 증가하게 되고 잦은 매매로 인해 비용이 발생되거나 멀쩡한 내 집 놔두고 남의 집에 얹혀 살면서 이중으로 비용을 부담해야 하는 상황이 발생하게 된다.

주택 구입에 대해 다양한 견해가 존재하지만 부동산 본래의 특징을 감안한다면 왕성한 사회활동을 하는 젊은 시기에는 집을 구매하는 것보다 전세나 월세를 활용하는 것이 삶의 질을 높이고 유동성을 확보하는 좋은 대안이 될 수 있다. 특히 최근 부동산 시장이 안정되면서 과거 집주인의 힘이 강하던 시장에서 세입자 중심의 시장으로 변화하고 있는 점도 신중히 생각해 볼 필요가 있다.

반면 은퇴를 하고 나면 자녀가 출가하므로 가족 구성원이 늘어날 리도 없고 노화로 인해 여기저기 돌아다니는 것도 힘들게 된다. 집을 늘리거나 이동할 필요가 없어지는 것이다. 따라서 노후야말로 진정으로 고정된 장소에 고정된 규모의 내 집을 마련하는 것이 필요한 시기이다.

이처럼 사람의 라이프 사이클을 연구해 보면 연령별로 적정한 주택규모는 아래 그림과 같다.

[연령별 적정 주택 규모]

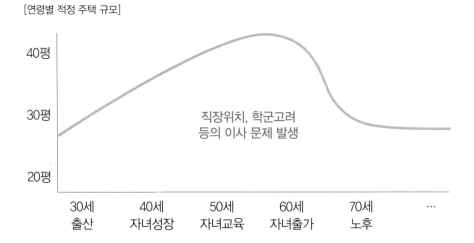

내 명의의 집을 갖는 것이 남의 집에 얹혀 사는 것보다 좋은 것은 사실이다. 그러나 내 집을 갖는 만족감보다 그로 인한 불편과 비용이 더 크다면 이는 바람직하지 못하다. 따라서 라이프사이클을 감안해 볼 때 다음과 같은 기준을 염두에 두고 내 집을 마련하는 것이 좋다.

- 직장, 자녀교육 등을 고려하여 큰 변동이 없을 규모, 지역을 선정한다.
- 무리하게 구입하기보다 일단 전세로 살아보고 결정해도 늦지 않다.
- 변동이 적은 노후에는 작더라도 내 명의의 집이 반드시 필요하다.
- 주거의 첫째 요건은 행복한 삶의 터전이다.

핵심 Point 부동산자산 분석

- 부동산에 투자하는 것이 다른 자산에 투자하는 것보다 유리한가?
- 부동산 담보 대출 규모는 적정한가?
- 고객의 Life Cycle을 고려할 때 정말 필요한가?

❹ 연금자산

노후를 위해 준비하고 있는 각종 연금에 관련된 자료를 수집한다. 연금자산은 사실상 금융 자산에 속하지만 고령화로 인해 은퇴 준비의 중요성이 강조되므로 별도로 분리해서 자산 의 준비상태를 점검하는 것이 좋다. 상품명, 가입기관, 소유자, 가입일자, 납입만기일, 연금 개시시기, 월납입액, 현재 잔고, 세제혜택 여부 등을 파악한다. 공적연금, 기업연금, 개인연 금으로 분류해서 파악하지만 공적연금, 기업연금은 재무설계사가 도움을 주거나 조정할 수 없는 것이므로 개인연금을 중심으로 파악한다.

연금자산과 관련해서는 노후준비의 필요성을 설득하는 것과 현재 가입한 연 금이 어떤 특징을 가지고 있고 노후에 얼마나 도움이 되는지 점검하는 것이 중요하다.

① 노후 준비의 필요성

역사상 초유의 고령화 사회가 코앞으로 닥쳐온 지금, 노후 준비가 필요하다는 데에 이의를 제기하는 사람은 없다. 다만 고객들은 다음과 같은 내용에 궁금증을 제기한다.

• 노후 준비를 지금 당장 시작해야 하는가?
• 반드시 연금상품으로 해야 하는가?
• 행복한 노후를 위해 어느 정도의 금액을 투자해야 하는가?

노후 준비 시기에 대한 의견은 재무설계사별로 약간씩의 차이가 있겠지만 노후 준비가 전무한 고객이라면 연령이나 직업, 성별에 관계없이 지금 당장 일정한 금액을 연금상품에 불입하는 것에 대부분 동의할 것이다.

노후를 반드시 연금으로 준비해야 하는가에 대해서 일부 금융 전문가들은 연금 외에도 적금, 펀드, 부동산 등 여러가지 대안이 가능하다고 말한다. 그러나 이는 상품의 특징만을 연구하거나, 어떻게든 돈만 모으면 노후가 해결될 것이라는 막연한 생각의 결과일 뿐이다. 노후에 얼마가 필요한가를 계산하기 이전에 노후에 어떤 상황에 처하게 될 지에 대해 조금만 더 고민해 본다면 노후 준비의 답은 연금 밖에 없다. 연금으로 모든 노후준비가 해결되는 것은 아니지만 연금은 노후 준비의 기초이자 필요조건이다. ([부자강의, 더난출판사] 참고)

노후 필요자금은 재무계산기나 각종 프로그램을 활용하면 어렵지 않게 산출할 수 있다. 얼마 정도의 자금이 적절할 지에 대해서는 많으면 많을수록 좋겠지만 노부부가 최소한의 생활을 영위할 수 있을 정도의 금액(현재가치 기준 100~150만원)은 반드시 연금으로 준비할 수 있도록 조언하여야 한다.

② 연금 상품의 특징별 분류

　노후 준비의 필요성이 재론의 여지가 없다면 결국 어떤 상품을 어떻게 가입하는가가 중요한 항목이 된다. 그런데 연금상품도 다른 금융상품과 마찬가지로 좋은 상품 나쁜 상품이 있는 것이 아니라 고객의 상황과 맞는 상품 맞지 않는 상품이 존재한다. 따라서 우리 나라에서 판매되고 있는 연금상품들이 어떤 특징을 가지고 있는지 우선적으로 파악해 볼 필요가 있다.

　연금 상품은 그 효용에 따라 크게 세가지 특징으로 분류할 수 있다.

- 연금 개시 이후 평생 지급되는 종신연금 기능이 있는지
- 물가 상승률 이상의 수익을 달성하기 위해 수익성 자산에 투자하고 있는지
- 소득공제 등 절세효과가 있는지

위 세가지 특징을 구체적으로 살펴 보면 다음과 같다.

종신연금 기능

　평생 지급하는 종신연금 기능은 내가 낸 돈 만큼 받는 저축 기능이 아니라 조기에 사망하면 수령액이 적고 장기 생존하면 훨씬 더 많이 받게 되는 보험 기능이다. 다시 말해 장수의 위험을 대비하는 기능이다. 따라서 종신연금 기능은 은행이나 증권사에서 취급할 수 있는 영역이 아니고 생명보험사의 연금상품에만 있는 특징이다.

　평균수명이 짧던 과거에는 종신 연금 기능이 큰 의미가 없었지만 고령화가 가속화되면서 언제까지 살 지 알 수 없는 미래 시점에는 일정한 생활비를 평생 동안

지급해 주는 종신연금이 노후생활의 기본이 될 것이다.

수익성 기능

저금리, 고물가 시대를 사는 현재 시점에서는 물가상승률 이상의 수익을 내지 못하면 결국 화폐가치의 하락으로 인해 실질적인 수익이 발생하지 않는다. 과거의 고금리 시절의 금융상품들처럼 단순히 은행 금리만을 쫓아가는 형태로는 수익은커녕 손해가 늘어날 뿐이다.

따라서 물가상승률 이상의 기대 수익을 올릴 수 있는 상품에 분산 투자하는 것이 필요하며 특히 10년 이상 장기 투자를 하게 되는 연금 상품의 경우 수익성에 대한 준비가 반드시 필요하다고 하겠다.

소득공제 기능

소득공제 기능은 연 400만원(2011년 기준) 한도 내에서 납입액의 100%를 소득공제해 주는 것이다. 따라서 고객의 소득구간에 따라 적게는 26만원에서부터 많게는 154만원까지 세금을 환급받을 수 있다.

[세제적격 개인연금 가입시 소득구간별 환급액]   (2011년 기준)

과세표준구간	세율 (주민세 포함)	세금절감효과
1,200만원 이하	6.6%	264,000원
1,200만원 초과 ~ 4,600만원 이하	16.5%	660,000원
4,600만원 초과 ~ 8,800만원 이하	26.4%	1,056,000원
8,800만원 초과	38.5%	1,540,000원

그런데 2001년 1월 1일 이후 가입한 소득공제연금은 지금은 세금을 환급해 주지만 향후 연금수령시 연금소득세(5.5% 원천징수 후 종합소득합산과세)를 납부

해야 한다. 이를 전문용어로는 '과세 이연'이라 한다. 결과적으로 돌려받는 것이 아니라 국가에서 빌려주는 개념이다.

따라서 소득공제연금 가입자는 환급을 받는다고 마냥 좋아할 것이 아니라 국가로부터 빌린 돈을 어떻게 재투자할까에 대해 고민해야 한다. 만약 소득공제 환급액을 저축이나 투자하는 것이 아니라 불필요한 소비나 유흥에 써 버린다면 사실상 소득공제 연금에 가입하는 것은 무의미할 뿐만 아니라 결국 노후자산의 감소로 이어질 뿐이다.

이상의 특징에 따라 현재 우리나라에서 판매되고 있는 연금 상품을 분류해 보면 다음 표와 같다.

[연금상품 분류 표]

구 분	연금저축	연금펀드	적격연금보험	비적격연금보험	변액연금보험
종신연금	×	×	○	○	○
수익성	×	○	×	×	○
소득공제	○	○	○	×	×

위의 표에서 보듯이 연금의 주요 효용은 크게 3가지가 있는데 불행하게도 세 가지 모두를 만족하는 상품은 아직 존재하지 않는다. 따라서 재무설계사는 한두 가지 장점만을 가지고 무작정 추천하거나 분석하기보다는 고객의 소득수준이나 투자성향 등을 면밀히 검토한 후 고객의 재무상황에 맞는 대안을 제시하여야 한다.

③ 기 가입한 연금의 예상 연금 수령액 계산

연금과 관련해서 고객들이 가장 많이 궁금해 하는 것 중의 하나가 바로 노후 연금수령 예상액이다. 이 연금에 가입했을 때 과연 얼마를 받을 수 있는지, 현재 화폐가치로 환산하면 얼마나 될지 등의 궁금증이다.

오늘 날짜로 설계하는 연금상품은 가입설계서에 적립금 및 예상 연금수령액이 수익률별로 예시되어 있으므로 설계서를 통해 금액을 확인할 수 있다. 그러나 고객이 예전에 가입해 놓은 연금상품의 경우 가입설계서를 보관하고 있지 않으면 상품명이나 보험증권만으로 연금수령액을 예상하기란 쉽지 않다. 이 때 다음과 같은 순서를 통해 대략적인 연금수령액을 예측할 수 있다.

- 재무계산기에 월납입액, 수익률, 납입기간 등의 정보를 입력하여 연금개시시점의 예상 적립금을 산출한다.
- 산출된 적립금을 오늘 은퇴하는 사람이 즉시연금 상품에 가입하는 것으로 가상 설계하여 오늘 지급받는 연금수령액을 확인한다. (미래에 평균수명이 증가한다 해도 경험생명표를 현재 시점으로 소급 적용하므로 오늘 현재의 즉시연금 상품을 대용할 수 있다.)
- 확인된 연금수령액을 물가상승률을 감안하여 현재 가치로 환산한다.

이 과정을 예를 들면 다음과 같다.

Ex. 35세 남자인 김과장은 모 생명보험사에 60세 개시 연금보험을 가입하고 있다. 예상 수익률을 바탕으로 계산해 보니 25년 후인 60세 시점의 연금 적립액이 1억원으로 예상되었다. 오늘 60세인 남자가 오늘 날짜로 1억원을 즉시연금에 가입하는 것으로 가정하고 설계해 보니 종신연금형을 기준으로 월 56만원의 연금수령액이 산출되었다. 월 56만원을 물가상승률을 감안하여 25년 전으로 환산하니 21만원이 산출되었다. 결과적으로 김과장이 현재 가입한 연금을 통해 미래에 받게 되는 종신연금 예상수령액은 현재가치 기준으로 약 21만원임을 알 수 있다.

- 가입한 연금의 연금개시시점 예상 적립액 계산
- 오늘 은퇴한다는 가정 하에 즉시연금 수령액 파악 (보험사 가입설계 프로그램)
- 연금 수령액을 현재 가치로 환산 (FV 56만, N 25, I 4%, PV = 21만)

핵심 Point 연금자산 분석: 육하(六何)원칙 분석

- 왜(Why) – 왜 노후준비를 해야 하는가?
- 누가(Who) – 누구 명의로 가입할 것인가?
- 언제(When) – 언제부터 시작할 것인가?
- 어디서(Where) – 어느 회사, 어떤 재무설계사와 상담할 것인가?
- 무엇을(What) – 수많은 연금 상품 중 어떤 상품에 가입할 것인가?
- 어떻게(How much) – 노후자금 마련을 위해 얼마의 금액을 납입할 것인가?

⑤ 보험자산

생명보험사, 손해보험사의 보장성 보험에 대한 자료를 수집한다. 원칙적으로는 보험과 관련된 모든 자료가 대상이 되지만 개인 재무설계이므로 인적 보험에 대한 자료를 집중적으로 수집한다. 수집 항목은 금융기관명, 상품명, 계약자 및 피보험자, 가입일자, 납입만기일자, 보장기간, 월보험료 등의 자료를 수집한다.

보험상품은 비교적 내용이 복잡하므로 단순히 몇 가지의 자료만으로 보험설계의 문제점을 파악하기 어렵다. 따라서 보험증권에 대한 검토가 병행되어야 세부적인 점검이 가능하다. 보험상품은 매우 다양한 상품들이 존재하지만 다음과 같은 4가지 관점을 기준으로 보험을 파악한다면 매우 쉽게 고객의 보장 상태를 점검하고 니드를 환기할 수 있다.

사망보험	종신보험	정액보상	저축성보험
vs	vs	vs	vs
치료비 보험	정기보험	실비보상	소멸성보험

① 사망보험 vs 치료비보험

사람이 살면서 보험이 필요한 경우는 질병 상해 등으로 인해 많은 치료비가 소요되는 경우와 가장의 조기 사망으로 인해 유가족이 생계에 어려움을 겪는 경우이다. 따라서 인적보험은 크게 사망시에 일시금을 보장받는 보험과 질병 상해 시에 치료비를 보장받는 보험으로 나뉜다.

사망보험은 가정의 생계를 책임지고 있는 가장의 조기 사망 시에 유가족의 경제적 어려움이 가장 크므로 경제적 책임이 있는 가장을 위주로 설계되는 것이 바람직하다. 적정한 보험금의 기준이 따로 정해져 있지는 않으나 유가족이 최소한의 생계와 교육을 유지할 수 있을 정도의 금액이 적정하다. 또한 사망의 원인에 관계없이 지급되는 일반사망보험금으로 설계되었는지 확인하여야 한다.

반면 치료비보험은 누구에게나 필요하므로 가족 구성원 전원에게 예외 없이 설계되어야 한다. 다만 전 가족을 설계하다 보면 보험료가 증가될 수 있는데 한 가구의 적정 보험료는 가계 월소득의 5~8%가 적정하며 최대 10%를 넘지 않도록 하는 것이 바람직하다.

② 종신보험 vs 정기보험

사망보험은 평생 동안 언제 사망해도 동일한 금액을 보장받는 종신보험과 일정기간만 보장받고 소멸되는 정기보험으로 나뉜다.

종신보험의 경우 사망시기에 관계없이 일정한 금액이 지급되므로 언젠가 반드시 한 번은 지급받을 수 있다는 장점이 있으나 보험료가 비싸며 사망보장의 중요성이 비교적 약한 노후사망보장을 위해서도 보험료를 지불해야 한다는 단점이 있다.

반면 정기보험은 정해진 기간 동안만 보장받으므로 적은 보험료로 많은 보장을 받을 수 있는 장점이 있으나 기간 내 지급사유가 발생하지 않을 경우 납입한 보험료는 소멸된다는 점에 유의하여야 한다.

따라서 사망보험과 관련해서는 고객의 사망보험이 종신보장인지 정기보장인지를 점검한다. 또한 사망보장기간을 고객이 정확히 인지하고 있는지, 보장기간과 보험금, 그리고 보험료가 고객의 필요와 일치하는지 점검할 필요가 있다.

③ 정액보상보험 vs 실비보상보험

보험금을 지급하는 방법에 따라 정액보상보험과 실비보상보험으로 분류한다. 정액보상보험은 보험가입 당시 정해져 있는 사유에 따라 정해져 있는 금액을 지급하는 보험이며 실비보상보험은 발생한 치료비를 일정한 한도 내에서 전액 또는 일정 비율로 보상하는 보험이다.

실비보상보험은 치료비의 대부분을 지급하므로 상당한 도움이 된다. 그러나 국민건강보험 비급여 부분에 대해서는 보장이 되지 않는 경우가 있으며 실제 치료 시 공식적인 의료비 외에 건강 식품 등의 부수적인 치료가 발생하는 경우가 있으므로 이런 부분은 정액보상보험으로 해결하여야 한다.

따라서 일차적으로는 실비보상보험에 가입하되 정액보상보험과 적절한 조화를 이룰 수 있도록 설계하는 것이 합리적이다.

④ 저축성보험 vs 소멸성보험

보험의 원래 기능은 위험을 보장하는 것이고 이를 위해 일정한 금액을 지출하는 비용 항목이다. 아마도 원금에 대한 집착이 강한 고객들의 요청에 의해 저축성 보험이라는 상품이 만들어진 듯하다.

저축성 보험의 정의는 만기 환급금이 기납입보험료보다 크거나 같은 경우를 말한다. 이 경우 납입원금은 보장되지만 수십년 후에 원금을 보장하는 것이므로 화폐가치 측면에서 보면 사실상 원금의 가치가 보장되는 것은 아니다. 또한 저축성 보험료에 이자를 지급하는 경우에도 원금에서 사업비를 공제한 금액에 부리하므로 일반 시중은행의 예적금 상품에 비해서 유리하지 못하다.

반면 소멸성 보험은 납입한 금액을 대부분 돌려받지 못한다는 단점이 있지만 보장에 필요한 금액만을 보험료로 납입하므로 보험료가 저렴하고 보험의 기능에 충실한 상품이라고 할 수 있다.

물론 각각의 장단점이 있겠지만 재무설계사 입장에서 고객이 가입한 보험이 저축성인지 소멸성인지를 확인해 보고 장단점에 대한 명확한 설명을 통해 고객이 올바른 결정을 내리도록 유도해야 한다.

이상의 4가지 분류 이외에도 다양한 특징별로 분류가 가능하다. 유니버셜 기능이 있는지 없는지, 투자기능이 있는지 없는지, 세제혜택이 있는지 없는지 등등 각각의 특징에 따라 상호 비교될 것이다.

이를 통해 무엇이 좋고 무엇이 나쁜가를 판단하지 말고 고객의 상황에 어떤 특징이 적절한지를 종합적으로 점검하는 것이 중요하다. 그리고 기존 보험의 조정 또는 리모델링이 필요하다고 판단되는 경우에도 무조건적인 조정보다는 보험의 세부 보장내용, 기납입기간, 환급금 등의 종합적인 요소를 고려하여 신중히 판단하여야 한다.

❻ 부채

고객의 부채 상황에 대한 자료를 수집한다. 주택, 전세, 자동차할부 등의 담보 대출, 마이너스 통장 등 각종 신용대출, 가족 친지 등 개인 간의 대출 등 부채의 내역을 파악하고 상환기간, 상환방법, 이자율 등의 상환 조건을 확인한다.

부채에서 가장 중요한 관심사가 바로 이자율인데 재무설계사가 이자율과 관련된 조언을 제공할 수는 있지만 직접적으로 개입한다거나 대출 이자율을 낮춰줄수는 없다. 재무설계사는 고객의 재무 상황을 고려하여 대출금액의 적정선을 판단해 주고 합리적인 상환 방법을 조언하는 것이 최선의 상담이라 할 수 있다.

고객이 보유한 부채 중 대부분의 부채가 주택과 관련된 부채인데 이에 대한 니드 환기 포인트는 부동산자산에서 짚어보았던 내용과 중복되므로 앞부분을 참고

하기 바란다.

　최근 투자에 대한 관심이 높아지면서 부채와 투자를 연계하여 대출을 받아서 투자하는 것에 대한 문의가 많아졌다. 상식적으로 볼 때 대출이자율보다 기대수익률이 더 높다면 대출을 최대한 끌어와서 투자하는 것이 좋을 것이다. 그러나 기대수익률이란 어디까지나 기대치일 뿐이고 기대수익률을 달성하기 위해서 가장 필수적인 것이 위험관리인데 대출금액이 감당할만한 수준을 넘어서게 되면 이성이 아닌 감정의 지배를 받게 되므로 결국 위험관리가 어려워진다. 따라서 재무설계사는 앞서 언급한 7:3:3법칙 내에서 적정한 대출 및 투자가 이루어지도록 조언해야 한다.

- 총 투자금액 중 현재 보유하고 있는 자기자본이 70%이상이어야 한다.
- 총 투자금액 중 타인자본, 즉 대출금액이 30%이내이어야 한다.
- 대출금액을 상환하기 위해 매달 지출하는 비용이 월소득의 30%이내이어야 한다.

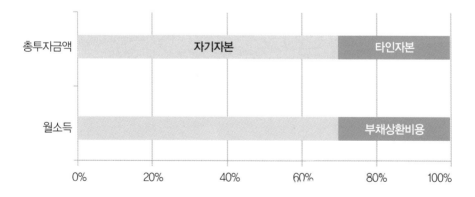

❼ 현금흐름

이상의 내용이 재무상태표를 작성하기 위한 자산과 부채에 대한 내용이었다면 현금흐름을 파악하는 것은 고객의 유입, 유출 현황에 대해 구체적으로 알아 보고 현금흐름표를 작성하기 위한 것이다.

현금 흐름은 고객의 통장에 돈이 들어오고 나가는 것과 관련된 내용이다. 따라서 유입과 유출로 구분한다.

① 유입

돈이 들어오는 것, 즉 유입은 고객의 소득과 관련된 내용이다. 소득의 종류는 대한민국 세법 상 크게 종합소득, 퇴직소득 및 양도소득 이상 3가지로 분류된다.

이 중 퇴직소득과 양도소득은 매년 발생하는 것이 아니라 일시적인 것이므로 현금흐름 파악 시에는 종합소득을 중심으로 파악한다. 종합소득에는 다음 6가지의 종류가 있다.

[종합소득 종류]

가계의 소득을 파악하면서 상담하는 고객 본인의 소득과 더불어 배우자의 소득 및 기타 가족 구성원에게도 소득이 있는지 파악한다.

소득을 파악하는 기준을 세전 금액으로 할지, 세후 금액으로 할지, 각종 급여 공제를 제외한 실수령액으로 할지에 대해서는 재무설계사별로 의견의 차이가 존재한다. 다만 개인의 소득에 관해서는 100% 정확한 파악이 어렵고, 설령 서류상으로 파악된다 하더라도 고객이 느끼는 체감 소득과는 괴리가 있을 수 있으므로 고객과 협의하여 적절한 기준을 적용하는 것이 좋다.

② 유출

유출은 고정지출, 변동지출 그리고 저축과 투자의 3가지 항목으로 구분된다.

일반적으로 고정지출은 금액이 고정되어 있고 변동지출은 금액이 변동하는 경향이 있지만 그것만으로 고정지출과 변동지출을 구분해서는 안된다.

고정지출과 변동지출의 차이점은,

고정지출은 어떠한 경우에도 포기할 수 없는 지출을 말하고,

변동지출은 재무목표 달성을 위해 필요한 경우에 조절하거나 포기할 수 있는 지출을 말한다.

예를 들어, 매달 들어가는 식생활비가 어느 달에는 100만원이 들어가고 어느 달에는 120만원이 들어간다고 해서 변동지출로 분류해서는 안된다. 의식주와 관련된 비용은 최소한의 생계를 위해 반드시 필요한 비용이므로 금액의 변동에 관계없이 고정지출로 분류하는 것이 바람직하다.

반면 매달 아이의 학원비가 고정적으로 들어가다 할 지라도 더 중요한 재무목표 달성을 위해 줄이거나 포기할 수 있다면 이는 변동 지출로 분류하는 것이 좋다. 또한 만기가 거의 도래한 할부금이나 3개월 뒤 초등학교에 입학해야 하는 아이의 유치원비 등은 조만간 종료되는 비용이므로 변동지출로 분류할 수 있다.

재무설계를 하다 보면 현재 고객의 소득으로 고객이 원하는 재무목표를 달성하는 것이 매우 어려운 경우가 많다. 이 때 추가적인 저축 여력의 확보가 필요한데, 그 대안을 변동지출 항목에서 만들어 내는 것이다.

저축과 투자는 재무목표 달성을 위해 준비하고 있는 항목을 말한다. 앞서 금융자산을 파악하는 과정에서 수집된 정보와 비교하여 누락된 부분이 없도록 정확히 기재한다.

③ 유입 = 유출

유입과 유출은 일치하여야 한다. 현금 흐름을 파악하는 과정에서 두 가지가 일치하지 않는다면 어디엔가 누락된 부분이 있는 것이다. 구체적인 질문을 통해 유입과 유출에 대해 정확히 파악하는 것이 중요하다.

❽ 기타 특이사항

마지막으로 고객의 비재무적 정보나 재무상황에 영향을 미칠 수 있는 사항에 대해 질문한다. 예를 들면, 질병 상해 등의 건강상태, 이혼 사별 등의 배우자 관계, 재무상태 공개 범위 등이 있다. 이러한 내용은 매우 개인적인 사항이므로 신중하고 배려깊은 질문을 통해 조심스럽게 파악하여야 한다.

"혹시 고객님의 재무상황과 관련해서 저에게 추가적으로 말씀해 주실 사항이 있으십니까?"

"혹시 재무설계 보고서를 작성하는 과정에서 제가 유의해야 할 사항이 있으시면 말씀해 주십시오."

재무목표 설정

재무설계 단계상 재무목표 설정은 자료수집 이전에 이루어지거나 자료수집과 동시에 이루어지는 것이 바람직하다. 그러나 우리가 만나는 대부분의 고객들은 인생의 목표를 설정하는 것에 익숙하지 않다. 이런 상황에서 고객에게 재무목표가 무엇이냐고 물어보거나 뜬금없이 목표를 세우라고 한다면 고객과 재무설계사 모두에게 당황스러운 시간이 될 수 있다. 오히려 자료수집을 통해 어느 정도의 자료와 고객의 생각을 청취한 후 재무목표를 설정하는 것이 더 자연스러울 수도 있다. 따라서 재무목표 설정은 상황에 따라 유연하게 진행하는 것이 좋다.

재무목표 설정 과정에서 재무목표에 대해 구체적으로 생각해 본 적이 없는 고객에게는 목표설정의 중요성을 일깨워주고 어떤 목표들이 필요한지에 대해 전반적인 가이드라인을 제시할 필요가 있다.

재무목표를 수립하는 과정에서도 구체적인 자료와 정보가 없이 목표를 세운다면 현실과 맞지 않는 목표가 만들어지기 쉽다. 따라서 재무설계사는 고객이 목표를 수립하는 과정에서 필요한 정보와 자료를 제공함으로써 합리적이고 현실적인 목표를 수립할 수 있도록 조언해야 한다.

재무목표 설정 과정 방법에 대해 세부적으로 알아보자.

❶ 재무목표의 내용을 정한다.

재무목표의 내용을 정하는 것은 한마디로 '무엇을 하고자 하는가'를 결정하는 것이다.

그렇다고 해서 하고 싶은 내용을 다 나열하는 것이 아니므로 다음과 같은 내용을 감안해서 수립해야 한다.

① 일정한 시기가 다가오면 반드시 큰 목돈이 들어가야 하는 자금을 우선적으로 정한다.

인생을 살면서 큰 목돈이 필요한 경우를 '목적자금'이라고 하는데 일반적으로 사람들에게는 누구나 필요한 4대 목적자금이 있다. 바로 본인결혼자금, 주택마련자금, 자녀교육자금, 노후자금이다. 이외에도 사업자금이나 자녀 결혼자금 등이 사람에 따라 추가될 수 있을 것이다.

이런 목적자금은 평소부터 준비하지 않으면 시기가 임박할수록 마음이 급해지기 시작하고 따라서 무리한 투자나 소비 감축을 실행해야 하는 경우가 많다. 그리고 계획대로 돈이 마련되지 않았을 경우에는 대출을 받거나 적금을 깨는 등 재무상황에 비정상적인 일들이 발생할 수밖에 없다. 그러므로 이러한 리스크를 줄이기 위해서는 큰 돈이 필요한 목적자금을 우선적인 재무목표로 정해야 한다.

② 달성 가능한 재무목표를 정해야 한다.

예를 들어 내 집을 마련하고자 하는 목표를 정할 때는 현재 본인이 가지고 있는 자산이나 앞으로 벌어들일 소득에 맞추어 타당한 금액의 주택을 목표로 잡아야 한다. 연봉이 3천만 원이고 현재 가지고 있는 자산이 1억인 사람이 3년 내에 3억 원짜리 집을 사겠다는 계획을 세우는 것은 누가 봐도 비현실적인 계획이다. 물론 대출을 받고 여기저기서 자금을 끌어 모으면 집을 살 수야 있겠지만 집을 산이후에는 재무적으로 점점 더 큰 압박을 받게 될 것이 뻔하다.

아무리 그럴듯한 재무목표라 할지라도 현실적으로 달성 가능한 내용을 목표로 수립하는 것이 중요하다.

③ 비상시를 대비한 비상예비자금을 설정한다.

재무목표를 확실하게 잡더라도 꼭 계획대로 살아지는 것만도 아니고 살다보면 목돈이 아니더라도 일정규모의 자금이 필요한 돌발 상황이 생기기 마련이다. 따라서 4대 목적자금과 더불어 만약의 경우를 대비해 일정한 규모의 비상예비자금을 준비하는 것도 재무목표 수립 시 꼭 검토해야 하는 부분이다.

비상예비자금의 적절한 규모로는 저축과 투자를 제외한 월평균 생활비의 3~6개월치가 가장 합리적이다.

❷ 재무목표 기간을 정한다.

재무목표의 실행 기간은 목표에 따라 단기, 중기, 장기로 나뉜다. 기간을 분류하는 기준은 상황에 따라 다르게 적용되지만 일반적으로 3년 미만을 단기, 3년 ~ 10년을 중기, 10년 이상을 장기 투자로 분류하는 것이 적절하다. 이렇게 기간을 구분하는 것이 필요한 이유는 재무목표의 기간에 따라 투자방법 및 대상이 큰 차이를 보이기 때문이다.

❸ 재무목표 달성에 필요한 금액을 정한다.

기간에 대한 구분이 명확해졌으면 이제 필요로 하는 금액을 정해야 한다. 목표 금액이 명확히 정해져야 그에 맞는 투자 금액과 투자 방법을 파악할 수 있다.

주택자금, 자녀교육자금 등 목돈이 필요한 경우에는 일시금으로 정하고 노후 자금처럼 매달 생활비가 필요한 경우에는 일시금이 아닌 월생활비 필요액을 목표로 정한다.

재무목표의 금액은 상담 시점의 현재 가치를 기준으로 금액을 산정한다. 재무 목표 필요자금별 필요저축액을 산출하는 과정은 다음 장 분석 및 평가에서 다루기로 한다.

❹ 재무목표의 우선 순위를 정한다.

나열한 재무목표 중에서 가장 중요한 순서대로 우선 순위를 정한다. 그런데 일 반적으로 고객들은 급한 것과 중요한 것을 혼동하거나 급한 것을 중요한 것이라고 생각하는 경우가 많다. 중요한 것과 급한 것은 전혀 다른 것이다. 급한 순서대로 순위를 정하면 당장의 문제는 해결되겠지만 급한 일을 처리하다 결국 중요한 목표들을 준비하지 못하게 되기 쉽다.

중요성을 기준으로 재무목표의 우선 순위를 파악하기 위해서는 재무설계사가 어떻게 질문하느냐가 매우 중요하다.

"지금 말씀하신 재무목표 중 가장 중요한 것이 무엇입니까?"

라고 물어본다면 대부분의 고객은 급한 것을 중요하다고 말할 것이다. 이렇게 질문해 보자.

"재무목표 중 다 포기하고 한 가지만 선택하신다면 무엇을 선택하시겠습니까?"

첫번째 질문은 다 성취할 수 있다는 생각을 갖게 하므로 정말 중요한 것을 구분해 내기 어렵게 된다. 그러나 두번째 질문은 나머지를 포기해야 한다는 조건이므로 고객으로 하여금 심각한 고민의 시간을 갖게 한다. 따라서 진정한 우선 순위의 목표를 말하게 될 것이다.

두번째 중요한 우선 순위의 재무목표를 찾는 질문은 다음과 같다.

"다행스럽게도 남은 것 중 한 가지를 더 선택할 수 있는 기회가 주어진다면 어떤 것을 선택하시겠습니까?"

❺ 재무목표와 관련해서 이미 준비하고 있는 자산들이 있는지 확인한다.

"혹시 이 목표를 위해 지금까지 준비해 오신 자산이 있으세요?"

고객의 자산을 살펴보면 재무목표가 뚜렷하지는 않지만 막연하게나마 준비하고 있는 자산이 있을 수 있다. 이미 준비하고 있다면 중복해서 준비할 필요가 없을 것이고 준비된 부분을 필요자금에서 공제하면 재무목표에 대한 부담이 훨씬 줄어들 것이나. 따라서 고객 스스로가 이미 준비해 놓고 있는 자산을 확인하고 목표에 맞게 분류해 주는 것이 필요하다.

❻ 경제환경과 관련된 변수와 가정을 결정한다.

재무목표별 필요자금을 산출하고 투자 방향을 설정하기 위한 각종 변수들에 대해 고객과 협의한다.

변수의 종류로는 예상 물가상승률, 예상 교육비 상승률, 자산별 기대 수익률 등이 있다.

전문적인 변수들에 대해서는 일반 고객들이 쉽게 이해하기 어려우므로 재무설계사는 고객의 견해를 최대한 반영하되 합리적인 근거와 자료를 토대로 객관적이고 중립적인 수치를 고객에게 제시하는 것이 좋다.

Fact Finding Closing
– 밑그림 그리기

① 자료 수집의 문제점

자료수집 및 목표설정이 끝나고 나면 일차적인 Fact Finding은 종료된다. 이론적으로 볼 때에도 Fact Finding 단계는 고객의 재무적 비재무적 정보를 파악하는 것이다. 그러나 실무적으로 볼 때, 단지 자료만 수집된 상황에서 상담을 종료하게 되면 이후 단계를 진행하는데 있어서 몇 가지 문제점이 발생하게 된다.

첫째, 누락된 자료가 발생한다.

1~2시간의 짧은 시간 동안 고객의 자료를 수집하다 보니 100% 완벽한 자료를 수집한나는 것은 사실상 쉽지 않다. 따라서 사무실에 돌아와 재무설계보고서를 작성하는 과정에서 미처 수집하지 못한 자료가 발생할 수 있다. 이 경우 고객에게 연락해서 다시 물어봐야 하고 이런 과정이 반복되면 자칫 전문성이 부족한 것으

로 생각되어 고객과의 신뢰에 금이 갈 수도 있다.

둘째, 자료만으로는 고객의 생각을 구체적으로 파악하기 어렵다.

과거에 상품을 가입하고 투자를 진행하는 과정에서 고객은 수많은 고민을 통해 투자결정을 내렸을 것이다. 따라서 기 가입중인 상품 내에는 수많은 고객의 생각이 담겨 있는데, 단지 Fact Finding 양식에 적힌 상품 내용과 숫자만으로 고객의 생각을 파악하려 한다면 고객의 생각과는 전혀 다른 해결책이 나올 수도 있다. 또한 상담 당시에는 고객의 생각을 파악했다 하더라도 시간이 흐른 뒤 수집된 자료와 떠오르는 기억만을 가지고 보고서를 작성하다 보면 고객의 생각과는 동떨어진 재무설계사의 작위적인 생각이 들어갈 수도 있다.

셋째, 상담 프로세스가 길어진다.

이러한 문제로 인해 고객과의 의견을 조율하는 과정에서 프로세스가 길어지게 되고 이 경우 재무설계에 대한 강한 의욕이 없는 고객은 중도에 프로세스를 중단할 가능성이 커진다. 또한 재무설계사도 고객 한 명을 상담하기 위해 너무 많은 시간을 소비하는 부담을 안게 된다. 물론 자산규모가 크거나 재무상황이 복잡해서 보다 더 많은 신중을 기해야 하는 고객의 경우 프로세스가 길어질 수 밖에 없지만 일반적인 중산층 가정의 경우 재무상황에 큰 차이가 없으므로 상담 시간과 과정을 효율적으로 조절할 필요가 있다.

❷ 기초 분석 및 평가 – 밑그림 그리기

위와 같은 문제점을 해결하기 위해서 자료수집 과정을 종료하기 전에 반드시 해야 할 일이 있다. 그것은 바로 수집된 자료에 대한 종합적인 요약과 더불어 기초적인 수준의 분석 평가를 진행하는 것이다. 이 과정은 본격적인 분석 평가를 하고 재무보고서를 작성하기에 앞서 밑그림을 그리는 과정이라고 볼 수 있다. 고객과 마주 앉은 자리에서 고객의 생각을 일일이 확인하면서 개략적인 밑그림을 그려 놓는다면 분석 및 평가, 재무보고서 작성 등 이후 상담 프로세스를 진행하는데 큰 도움이 될 것이다.

기초 분석 평가는 다음과 같은 내용으로 진행한다.

① 종합적인 관점에서 재무적 강약점 정리

자료수집 과정을 통해 파악한 고객의 재무적 강점과 약점에 대해 요약 정리한다. 예를 들면, 고객의 금융 자산이 기간이나 수익성 측면에서 잘 분산되어 있는지 아니면 한 쪽으로 치우쳐 있는지, 수익성 자산에 대한 위험관리가 잘 되어 있는지, 노후 준비나 보장 준비는 잘 되어 있는지 등 자료수집 과정에서 발견한 강점과 약점을 종합적인 관점에서 고객에게 이야기한다.

② 재무목표별 필요저축액 파악

고객의 재무목표별로 필요자금과 준비자금을 파악한 후, 필요저축액을 개략적으로 산출한다. 정확한 금액은 분석 및 평가 단계에서 재무계산기나 재무보고서 프로그램을 통해 산출되겠지만 어디까지나 밑그림을 그리는 과정이므로 정확한 금액을 산출할 필요는 없다. 이 과정이 처음에는 다소 어렵겠지만 재무상담 사례를 쌓아가다 보면 개략적인 수치에 대한 감을 잡을 수 있을 것이다.

③ 현금흐름표를 통한 저축 및 투자 여력 파악

현금흐름표를 통해 고객이 현재 보유하고 있는 저축 및 투자 여력을 파악한다. 투자 여력은 기존 투자 조정 여력과 신규 투자 여력, 두 가지로 구분된다.

첫째, 기존 투자 조정 여력은 기존에 잘못된 투자항목 또는 변경할 필요가 있는 투자항목을 조정하는 과정에서 발생하는 여력이다. 자료 수집 과정에서 고객의 금융상품 가입상태를 점검하다 보면 투자에 오류가 있다거나, 고객의 재무목표에 부합하지 않다거나, 금액을 조정해야 한다거나 등의 조정 상황이 발생한다. 이로 인해 발생하는 여력을 종합하여 판단한다.

둘째, 신규 투자 여력은 고객의 수입 증가, 여유 자금, 기존 상품의 만기 등으로 인해 발생하는 여력이다. 또한 현금흐름을 파악하다 보면 유입 대비 유출이 적은 경우가 있는데 이처럼 별다른 용도가 없이 남는 현금 흐름이 있다면 고객과 합의 하에 이를 신규 투자 여력으로 판단하여 반영한다.

④ 투자 배분 및 포트폴리오 Concept 제안

위의 ①에서 파악한 재무적 강약점, ②에서 파악한 필요저축액, ③에서 파악한 투자여력을 종합적으로 고려하여 재무목표에 맞는 개략적인 투자 배분안과 상품 포트폴리오 컨셉을 제안한다. 정확한 포트폴리오는 차후 상담과정에서 재무보고서를 통해 제안되겠지만 어느 정도의 투자 배분 규모와 상품 컨셉을 고객과 공유한다면 이후 상담이 훨씬 수월하게 진행될 것이다.

지금까지의 과정을 스크립트로 요약하자면 다음과 같다.

지금까지 말씀해 주신 고객님의 재무상황에 대해 종합적으로 분석해 보면,

재무적인 관점에서 볼 때 ~~~~~~ 부분은 강점이고 일반적인 가정에 비해 평균 이상으로 잘 준비해 오신 것으로 판단됩니다. 그러나 ~~~~~~ 부분은 약점으로 판단되오며 더 늦기 전에 개선하실 필요가 있습니다.

고객님께서 원하시는 재무목표를 파악해 보니 각 목표별로 ○○원 정도의 금액이 필요하고 이를 위해 각각 ○○원 정도의 저축이 이루어져야 할 것으로 판단됩니다. 그런데 현재 고객님의 현금흐름을 파악해 보면 신규 투자여력과 기존투자 조정여력을 감안할 때 ○○원 정도의 여력이 있습니다. 맞으시죠?

현재 저축 여력으로 원하시는 재무목표를 모두다 완벽하게 준비하시기는 쉽지 않습니다. 따라서 재무목표 우선 순위에 따라 합리적인 선에서 적절하게 투자 배분을 실시하고 향후 소득이 증가하면 차차 늘려가시는 것이 바람직합니다.

합리적인 투자 배분은 다음과 같은 기준 하에 진행하는 것이 좋습니다.

첫째, 고객님의 재무목표 우선 순위를 최대한 반영하되 한쪽으로 편중되지 않고 동시에 골고루 달성될 수 있도록 배분합니다.

둘째, 고객님의 현재 재무적 약점을 최대한 보완하되 한번에 모든 것을 뒤집지 않고 하나하나 차근차근 조정해 나갑니다.

셋째, 단기/중기/장기 등의 기간, 위험/중립/안정 등의 수익성 등 모든 면에서 적절한 분산이 이루어지도록 합니다.

이렇게 하신다면 고객님의 재무목표가 전보다 훨씬 더 효과적으로 잘 달성될 수 있으실 겁니다. 괜찮으십니끼?

이와 같은 기준을 감안할 때 대략적으로 다음과 같은 Concept으로 배분하는 것을 제

안해 드립니다.

고객님의 재무목표 중 자녀교육자금 마련을 위해서는 대략 ○○원 정도의 금액을 저축하셔야 합니다. 적합한 상품으로는 △△△ 상품이 적절하다고 판단됩니다.

또한 은퇴자금 마련을 위해서는 대략 ○○원 정도의 금액을 저축하셔야 합니다. 적합한 상품 군으로는 △△△ 상품이 적절하다고 판단됩니다.

어떠세요? 제가 말씀드린 투자 배분 방향이 괜찮으십니까?

궁금하시거나 추가로 반영했으면 하는 의견이 있으시면 말씀해 주세요.

오늘은 고객님의 자료를 수집하는 과정에서 개략적인 내용과 컨셉에 대해서 말씀드렸습니다만 다음 주에 뵐 때는 재무보고서를 통해 보다 더 정확하고 구체적인 내용을 바탕으로 고객님께 적합한 실행안을 제안해 드리도록 하겠습니다.

고객과의 자료수집 과정을 마칠 때 위와 같은 스크립트를 통해 과정을 요약하고 정리할 수 있다면 보다 더 효율적인 상담이 진행될 것이다.

Fact Finding Closing 과정의 필요성에 대해 재무설계사 간에 견해가 다를 수도 있다. 정확한 보고서가 작성되기 전에 부정확한 수치와 개략적인 컨셉만으로 고객과의 합의를 도출하는 것이 자칫 재무설계의 의미를 퇴색시킬 수도 있고 단순히 상품 판매만을 목적으로 하는 것처럼 보일 수 있기 때문이다.

물론 재무상황이 복잡한 고객이거나, 상담 내용보다는 프로세스 형식을 중요하게 생각하는 고객의 경우에는 상담 프로세스가 길어지더라도 한단계 한단계 정확하게 밟아가는 것이 필요하다. 그러나 1mm의 오차까지 맞춰야 하는 맞춤형이 누구에게나 좋은 것은 아니다. 체형이 비슷하고 일반적인 키의 사람에게는 비싼 맞춤형 옷보다 기성복이 오히려 저렴하고 실속 있듯이 우리가 흔히 만나게 되는 중산층 고객, 특히 일정한 집단에 소속되어 흡사한 재무구조를 가지고 있는 고객들에게는 머릿속을 복잡하게 하는 빡빡한 재무설계보다는 다소 여유있고 일반적인 재무설계 틀을 하나하나 차근차근 실행해 나가는 것이 더 의미 있을 것이다.

재무목표 설정 및
자료 수집 시 유의사항

❶ **재무목표 중 현실적으로 실현이 어려운 목표는 조정하도록 권유해야 한다.**

고객이 불러주는 재무목표를 그대로 수집할 경우 고객의 재정상황과 너무 동떨어진 터무니 없는 목표가 설정되는 경우가 있다. 이런 목표를 설정할 경우 재무설계를 통해서 해결할 수 있는 방법은 없다. 설령 보고서를 작성한다 하더라도 현실과는 동떨어진 보고서 밖에 작성할 수 없을 것이다. 따라서 목표 수립 단계에서 고객의 현실에 맞추어 실현 가능한지를 확인하여야 한다.

❷ **재무설계사가 풀 수 없는 문제는 연계된 다른 전문가의 협조를 구하거나 고객 본인이 해결하도록 권유해야 한다.**

재무설계사는 종합적인 관점에서 고객의 재무상황을 컨설팅하는 재무주치의

이다. 따라서 독립된 모든 분야에 전문가가 되기는 힘들다. 해당 분야의 전문가가 아님에도 불구하고 그럴듯하게 보이기 위해 고객의 모든 재무적인 문제를 해결해 줄 수 있는 것처럼 상담한다면 결국 스스로 덫에 걸려서 이러지도 저러지도 못하는 상황이 발생하기 쉽다.

전문 분야가 아니거나 모르는 부분에 대해서는 한계를 인정하고 다른 전문가의 협조를 구하는 것이 장기적으로 볼 때 고객과 신뢰를 형성하는 밑거름이 될 것이다.

❸ 재무상황이 비정상적인 경우 과제를 부여하고 차후 상황에 따라 재상담 여부를 결정한다.

상담을 하다 보면 소득이 너무 적다거나, 소비가 너무 과하다거나, 부채규모가 너무 많은 등 현재 재무상황이 비정상적인 경우가 종종 있다. 이러한 경우에는 정상적인 재무설계를 실행할 수 없을 뿐만 아니라 상담을 지속하는 것이 고객과 재무설계사 모두에게 도움이 되지 않을 수 있다.

이처럼 문제점이 당장 개선되기 어려운 경우에는 재무상담 프로세스를 진행을 중단하고 고객에게 현재 상황의 문제점을 인식시킨 후 적절한 과제를 부여하는 것이 최선의 방법이다.

❹ 상담 말미에는 고객에게 제안할 보고서의 초안이 그려져 있는 것이 좋다.

수십번 자료와 목표를 가지고 사무실에 돌아가 고객에 제안할 보고서를 작성하다 보면 여러가지 문제점에 봉착하게 된다. 누락한 자료도 있을 테고, 미처 파악하지 못한 고객의 의향이나 성향들도 궁금하게 된다. 이 경우 재무설계사가 자의적으로 해석하고 판단해서 보고서를 작성하게 되면 결국 고객의 생각과는 다른 보고서가 만들어질 수 밖에 없다.

이런 문제점을 줄이기 위해 재무설계사는 개략적인 솔루션을 머리 속에 그리며 자료 수집과정을 진행하는 것이 좋다. 무작정 고객이 불러주는 자료만을 수집하기보다는 솔루션을 고려해 가며 수집한다면 많은 질문을 통해 보다 충실한 자료 수집이 이루어질 것이다.

이런 과정을 통해 꼼꼼히 자료를 수집하더라도 실제 사무실에서 보고서를 작성하다 보면 빠지거나 궁금한 점이 발생할 수 있다. 따라서 상담이 종료되기 전에 다음과 같이 동의를 구한다면 자료 수집과 관련해서 곤란한 상황이 발생하지는 않을 것이다.

"소중한 정보를 제공해 주셔서 감사드립니다. 이 자료를 바탕으로 고객님께 도움이 될 수 있는 좋은 보고서를 제안해 드리도록 하겠습니다. 혹시 보고서를 작성하는 중에 모르거나 궁금한 점이 생기면 전화 드려도 되겠습니까?"

STEP3 분석 및 평가

이번 단계는 수집된 자료를 바탕으로 고객의 재무적 강약점을 분석하고 재무목표별 필

요자금을 파악하는 단계이다.

재무적 강약점을 분석하기 위해서 재무상태표와 현금흐름표 등 재무제표를 작성하여 활

용한다. 재무목표 분석은 물가상승률, 기대 수익률 등 예상치와 실행 기간을 고려하여 목

표별 필요자금 및 필요 저축액을 산출한다. 이와 같이 분석평가라는 과정은 일반적으로

숫자와 계산이 이루어지는 다소 무미건조한 과정이다. 또한 숫자 상으로 일정한 선을 그

어서 좋고 나쁨을 평가하는 것은 무의미할 뿐만 아니라 고객에게 어필하지 못할 것이다.

따라서 단순한 숫자 위주의 분석보다는 고객이 재무제표에 담긴 의미를 진지하게 고민

해 볼 수 있도록 복합적인 관점에서 분석해 주는 것이 중요하다.

과거 인생의 **재무성적,**
재무상태표 분석

❶ 재무상태표의 본질적 의미

재무상태표의 정의는 다음과 같다.

"한 개인의 일정 시점에서의 자산, 부채, 순자산 현황을 나타내주는 표로서 과거 재무활동의 결과물"

이 정의를 자세히 살펴 보면 재무상태표에 대한 진정한 의미를 알 수 있다.

"일정 시점"이란 고객의 재무설계 상담을 진행하는 그 시점을 말한다. 언제부터 언제까지의 기간이 아니라 마치 사진을 찍듯 정지된 상태에서의 재무상황을 나타내는 것이다.

그런데 일정한 시점에서의 고객의 재무상황은 과거 재무활동을 잘했는지 못했는지에 따라 달라지게 된다. 재무적으로 큰 실수 없이 잘 설계해 온 사람은 재무상태가 좋겠지만 반면에 시행착오가 잦거나 큰 손실을 경험한 사람들은 재무상태가 나쁠 것이다. 따라서 재무상태표는 한 개인이 과거에 재무적인 부분을 잘 준비해 왔는지를 판단할 수 있는 결과물, 즉 성적표라고 할 수 있다.

학창시절에는 성적이라는 것이 존재한다. 성적을 통해 자신의 수준을 파악할 수 있고 따라서 성적을 향상시키기 위해 노력하게 된다. 학업을 마치고 나면 성적표가 없어지는 것 같지만 그렇지 않다. 우리가 미처 인지하지 못하고 있지만 수많은 부분에서 인생 성적표가 생기게 되고 그 중에 재무적인 부분을 평가하는 것이 바로 재무상태표이다. 그리고 성적 점수를 나타내는 지표가 바로 순자산이다. 따라서 학교에서 매학기 성적표를 받아보면서 내 상태를 점검하듯, 인생에서도 본인의 재무상태표를 매년 또는 주기적으로 점검하면서 재무상태를 개선해 나가야 하는 것이다.

"고객님의 현재 순자산은 OOO원입니다. 이 금액은 고객님께서 그동안 열심히 살아오신 인생 중 재무적인 부분의 성적표입니다. 만족스러우세요? 그렇지 않으시다면 무엇이 문제였을까요?"

❷ 재무상태표의 구성

재무상태표의 구성은 크게 자산, 부채, 순자산으로 나뉜다. 자산은 크게 현금성 자산과 투자 자산, 그리고 사용 자산으로 나뉜다. 자산에서 부채를 뺀 것이 순자산이다.

자산 − 부채 = 순자산

재무상태표의 기본적인 구성 및 항목은 다음 표와 같다.

[재무상태표]

Financial Planning Report
재무상태표

〈2011년 10월 28일〉 현재 　　　　　　　　　　(단위 : 만원)

자 산			부채와 순자산(자본)		
과 목	금 액		과 목	금 액	
I. 현금 및 현금등가물		-	I. 단 기 부 채		-
수시입출금계좌			마이너스 통장		
MMF / MMDA			은행 대출		
II. 투 자 자 산		-	카드론		
채권형 투자			기 타		
주식형 투자 (단기)			II. 중 장 기 부 채		-
주식형 투자 (장기)			신용 대출		
아파트			담보 대출		
상가/건물			사 채		
토지			전세 보증금		
III. 은 퇴 자 산		-	임대 보증금		
공적 연금			기 타		
퇴직금					
채권형 연금			III. 기 타		-
주식형 연금			개인 차입금		
IV. 위 험 관 리		-	연대 보증액		
보장성 보험					
생명 보험			부 채 합 계		-
V. 사 용 자 산		-			
주거용 주택					
임차 보증금			순 자 산		
기타 자산					
자 산 합 계		-	부채와 순자산 합 계		-

　　본 교재에서는 재무상태표 구성이나 작성 방법 등의 이론적인 내용은 다루지 않았다. 이와 관련한 세부적인 설명은 재무설계 개론 교재들을 참고하기 바란다.

① 순자산 점검

재무상태표를 점검하면서 가장 먼저 보아야 할 것은 바로 순자산이다. 순자산은 한 개인의 재무상태를 나타내는 기초 지표로서 다시 말해 그 사람의 재무 성적 점수이다.

순자산을 통해 현 시점에서의 본인의 성적이 만족스러운지, 과거에 비해 꾸준히 증가하고 있는지, 동일한 연령대 사람들의 평균적인 자산 수준에 비해 어떤 상황인지 등을 점검할 필요가 있다. 향후 지속적인 모니터링이 이루어지면 매년 순자산의 증감 상태를 확인하면서 재무상황의 개선 여부를 파악할 수 있다.

순자산 점검 시에는 다음과 같은 질문을 통해 고객으로 하여금 스스로를 점검하도록 한다.

- 고객님께서 사회생활을 하신 기간 동안 벌어들인 총소득은 얼마입니까?
- 그 중의 몇%가 현재 순자산으로 남아있습니까?
- 전년대비 순자산이 얼마나 늘어나셨습니까?
- 고객님의 현재 순자산 규모는 같은 연배의 타인 대비 어느 정도 수준이라고 생각되세요?

② 자산 배분 적정성 분석

고객의 자산이 한 쪽의 자산으로 치우쳐 있지 않은지 파악한다. 예를 들면 다음과 같다.

- 부동산이나 주식 등 한 쪽 자산에 편중되어 있지 않은지

- 은퇴자산은 적절하게 준비되고 있는지
- 뚜렷한 목적도 없는 자금이 유동성 자산에 장기간 방치되고 있지 않은지

이와 같은 분석을 통해 문제점이 보인다면 자산 구조의 리모델링에 대해서 고객에게 제안해야 한다.

③ 부채 적정성 분석

자산과 더불어 부채의 적정성에 대해서 분석한다. 부채의 경우 고객의 재무상황 상 불가피한 경우가 대부분이므로 재무설계사가 조정할 수 있는 여지가 많지 않다. 다만 7:3:3 원칙 내에서 부채를 조정해 나가도록 조언하는 역할을 해야 한다.

④ 비상예비자금 분석

비상예비자금이란 가장의 이직, 실직, 상해 등 예기치 않은 사고로 인해 단기적으로 발생할 수 있는 가계 소득의 중단 사태에 대비하기 위한 자금이다.

가정에서 준비해야 할 적정 금액의 기준은 다음과 같다.

[고정지출과 변동지출 항목을 더한 금액] × (3~6개월)

비상예비자금은 언제 필요할 지 알 수 없는 자금이므로 투자 상품에 예치하는 것은 바람직하지 않으며 유동성 기능이 있는 입출금 계좌에 예치하여야 한다.

미래 재무상태의 **선행지표,** **현금흐름표** 분석

❶ 현금흐름표의 본질적 의미

현금흐름표의 정의는 다음과 같다.

"한 개인의 일정 기간 동안에 현금이 들어오고 나가는 현황을 나타내는 표로서 미래 재무상태를 예측할 수 있는 선행지표"

이 정의를 잘 살펴 보면 현금흐름표는 단순히 유입 유출만을 나타낸 표가 아니라 미래의 재무상태를 예측할 수 있는 지표라는 것을 알 수 있다. 다시 말해서 현금흐름 상황이 좋은 사람은 향후 재무상태가 개선될 가능성이 크다라는 것이고, 반대로 현금흐름에 문제가 있는 사람은 향후 재무상태가 지금보다 안 좋아질 수 있다는 것이다.

앞서 말한 재무상태표가 한 개인의 재무 성적표라면 현금흐름표는 현재 이 사람이 공부를 열심히 하고 있는지, 인생을 충실히 살고 있는지를 알 수 있는 활동

현황표라고 할 수 있다. 현금흐름을 조정하고 개선함으로써 향후 재무상태가 점차 개선되는 것이다.

따라서 재무설계사는 현금흐름표를 통해 유입과 유출 현황을 표로 보여주는 단순한 분석에서 벗어나 현재 진행되고 있는 현금흐름의 중요성을 알리고 이를 개선함으로써 순자산을 점차 증가시켜야 한다는 것을 고객에게 인식시켜야 한다.

❷ 현금흐름표의 구성

현금흐름표는 유입과 유출로 구성된다.

유입은 고객의 가정으로 들어오는 모든 소득이며 유출은 고정지출, 변동지출 그리고 저축과 투자로 구분된다. 유입과 유출은 항상 일치하여야 한다.

현금흐름표의 기본적인 구성 및 항목은 다음 표와 같다.

[현금흐름표] 133p 참조

본 교재에서는 현금흐름표 구성이나 작성 방법 등의 이론적인 내용은 다루지 않았다. 이와 관련한 세부적인 설명은 재무설계 개론 교재들을 참고하기 바란다.

현금흐름표

(2011년 10월 01일 ~ 2011년 10월 30일)　　　　　　　(단위 : 만원)

유　출		유　입	
과　목	금　액	과　목		금　액
I. 저축과 투자		I. 사업 / 근로소득		
현금 유동성		본인	근로소득	
채권형 투자 (혼수준비)		배우자	근로소득	
주식형 투자 (단기)				
주식형 투자 (장기)				
연금 투자 (채권형)				
연금 투자 (주식형)				
소　계	-	소　계		-
II. 고정 지출		II. 투자 소득		
공적 연금		금융소득	이자소득	
부채 상환금			배당소득	
건강 / 고용 보험료		부동산	임대소득	
각종 보험료		연금소득	공적/퇴직	
			개인연금	
소　계	-	소　계		-
III. 변동 지출		III. 기타 소득		
생활비		일시 재산 소득		
육아 / 교육비		상속 및 증여 소득		
교통 / 통신비		기타 소득		
기부금 / 기타				
소　계	-	소　계		-
미파악 지출		미파악 소득		
유출합계	-	유입합계		-

① 소득의 적정성 분석

가계의 소득은 크게 남편의 소득과 부인의 소득으로 구분된다.

맞벌이를 하고 있는 가정이라면 양 쪽 모두 소득이 발생하므로 수입구조가 안정적이고 저축이나 투자여력이 상대적으로 높다. 그러나 부부 중 한 명만 소득활동을 하고 있는 경우에는 맞벌이 가정에 비해 상당히 열악한 재무구조를 보일 수밖에 없다. 이 경우 만약 소득활동을 하는 가장에게 실직, 이직 또는 질병 등 예기치 못한 상황이 발생할 경우 재정적으로 어려움을 겪을 수 밖에 없다.

따라서 외벌이 가정의 경우에는 맞벌이 부부에 비해 보다 체계적인 재무설계가 필요하다는 것을 고객에게 인식시켜야 한다. 맞벌이 부부의 경우에도 여력이 있다고 해서 무작정 소비를 늘리지 않도록 해야 하며 중도에 한 쪽이 일을 중단할 경우 재정적으로 심각한 위험에 처하게 되므로 이에 대한 사전 검토와 준비가 필요하다.

저축 및 지출 비중 점검

가계의 소득에 비하여 저축과 소비 비중이 적절한 지 점검한다. 어느 정도가 적절한지의 기준은 상황에 따라 다르겠지만 고객에게 일정한 기준을 제시함으로써 고객이 스스로를 평가하도록 할 필요가 있다.

[적정 저축 비중]

외벌이 가정	소득의 30% 내외, 최소 20% 이상
맞벌이 가정	소득의 50% 내외, 최소 30% 이상
미혼 가정	소득의 70% 내외, 최소 50% 이상

상기 기준에 미달하는 경우 소비 항목을 재점검하여 소비 비중을 줄이고 저축 비중을 높일 수 있도록 권고하여야 한다.

② 저축과 투자의 적정성 파악

재무상태를 개선하고 순자산을 증가시키기 위해서 올바른 저축과 투자를 하고 있는지 점검한다.

- 주택, 교육, 노후 등 재무목표별로 골고루 분산해서 준비하고 있는지
- 인생 재무목표와 투자 상품 및 방법은 일치하는지
- 기대수익률을 올리기 위해 적절한 분산투자를 실시하고 있는지

이와 같은 분석을 통해 정상적이지 않은 저축이나 투자 상황이 발견된다면 재무목표에 맞춰 올바르게 리모델링 하도록 조언한다.

③ 재무목표 달성을 위한 투자 여력 파악

고객이 원하는 재무목표를 달성하기 위해서는 현재 보유한 자산의 조정도 필요하지만 결국 지속적인 저축과 투자가 이루어져야 가능하다. 따라서 현금 흐름 분석을 통해 재무목표 달성을 위한 추가적인 저축 및 투자 여력이 있는지 파악한다. 투자 여력은 다음과 같은 경우에 만들어진다.

- 소득 증가로 인한 여유자금의 발생
- 금융상품 만기 또는 부채상환 완료 등으로 인한 납입 여력 발생
- 기존 투자의 해지, 조정, 감액 등 리모델링을 통한 여력 발생

이 과정을 통해 신규 투자 여력을 파악한 후 재무목표 우선순위에 따라 적절히 배분한다.

재무목표 분석, 필요자금 및 필요저축액 파악

재무상태표와 현금흐름표에 대한 분석이 끝나면 마지막으로 고객의 재무목표에 대한 분석을 실시한다. 고객이 희망하고 있는 재무목표가 달성되려면 어느 정도의 자금이 필요한지, 필요 자금을 마련하기 위해 얼마의 기간 동안 얼마를 저축해야 하는지 등에 대해 분석하는 것이다.

재무목표 분석은 대부분의 내용이 계산기를 활용한 수치적인 내용이므로 여기서는 재무목표를 분석하는 과정 및 유의사항에 대해서만 알아보고, 각종 계산 방법에 대해서는 재무계산기 매뉴얼이나 재무설계 교재를 통해 확인하기 바란다.

❶ 필요자금 예측

고객의 재무목표별 필요자금 총액을 계산한다.

고객으로부터 받은 희망 금액은 현재 가치를 기준으로 기재되어 있다. 그런데 재무목표는 오늘 필요한 자금이 아니라 일정한 기간 후에 필요한 자금이므로 정확한 필요자금을 파악하기 위해서는 자금이 필요한 미래 시점의 가치로 환산해 주어야 한다.

미래가치로 환산하기 위해서는 물가상승률, 교육비상승률 등 해당 목표와 관련된 경제 상황의 변화를 고려하여야 한다. 화폐가치의 변화와 관련된 변수, 목표 달성에 필요한 기간, 고객의 희망 금액을 활용하여 미래 시점의 필요자금을 산출한다.

재무설계 길라잡이

138

❷ 기 준비자금의 미래가치 예상

재무목표를 위해 이미 준비하고 있는 자산이 있는지 확인한다. 이미 준비된 자산이 있어서 그 금액만큼 공제하게 되면 필요자금이 줄어들고 따라서 추가적으로 준비해야 할 부담이 완화될 것이다.

기 준비하고 있는 자산을 확인한 후 해당 자산의 기대 수익률을 반영하여 미래 시점의 최종 적립액이 얼마나 될지 계산한다. 앞서 계산된 필요자금이 미래 시점의 금액이므로 기 준비된 자산을 미래 가치로 환산해 주어야 상호 계산이 가능하기 때문이다.

필요자금에서 준비자산을 공제하면 재무목표 달성을 위해 추가로 준비해야 할 부족자금이 산출된다.

❸ 필요저축액 산출

앞서 계산된 부족자금 총액을 마련하기 위해 매달 얼마를 저축해야 하는가를 파악한다.

필요 저축액은 기대 수익률이 얼마인가에 따라 달라진다. 기대수익률이 높다면 조금만 저축해도 필요자금이 달성될 것이고 기대수익률이 낮다면 월저축액이 높아질 것이기 때문이다. 따라서 재무설계사는 낙관시, 중립시, 비관시 등의 기대 수익률을 활용하여 어느 정도의 저축액이 필요한지 분석해 보고 객관적이고 중립적인 관점에서 필요저축액을 제시하는 것이 바람직하다.

재무목표 분석은 다양한 목표만큼이나 다양하게 분석할 수 있으므로 활용하고 있는 재무보고서의 매뉴얼을 숙지하여 필요저축액 산출 과정을 정확히 이해하여야 할 것이다.

STEP4 재무보고서 (Financial Planning Report) 작성

이번 단계는 재무보고서를 작성하는 단계이다. 재무보고서를 작성하기 위해서는 재무보고서 작성 프로그램을 활용해야 한다. 업계에는 다양한 종류의 프로그램이 존재하고 각각의 장단점이 있지만 재무보고서 작성의 가장 중요한 포인트는 고객이 이해하기 쉬워야 한다는 것이다. 따라서 좋은 프로그램을 활용하는 것도 중요하지만 재무설계사 스스로가 재무보고서에 대해 완벽히 숙지하고 고객이 쉽게 이해할 수 있도록 설명하는 것이 중요하다. 여기서는 재무보고서의 의미와 필수적인 구성 요소에 대해 알아보고 실제 사례를 통해 보고서의 활용 방법에 대해 알아보도록 하자.

재무보고서의 **실무적 정의**

재무보고서는 고객의 재무상황 및 실행안에 대한 종합적인 보고서이다. 따라서 큰 틀에서 볼 때 다음 두 가지로 정의된다.

- 각종 재무제표를 통해 현재 재무상황을 점검하고 평가하는 것
- 향후 재무목표를 달성하기 위한 필요자금을 파악하고 그에 맞는 실행안을 제안하는 것

재무설계를 실시하는 재무설계사들이 가장 고민하는 부분이 바로 재무보고서의 작성이다. 복잡한 도표를 만들어야 하고, 분석과 점검이 필요하며, 실행안을 리포트로 작성해야 하기 때문이다. 따라서 대부분의 재무설계사에게 재무보고서 작성 과정은 매우 어렵고 복잡한 과정이다.

그런데 재무보고서 작성이 더 어려워지는 이유는 자료수집 과정과 재무보고서 작성과정을 분리해 놓고 생각하기 때문이다. 자료 수집 과정에서는 자료만 수집하고, 그 자료를 가지고 사무실로 돌아와 무언가 새로운 보고서를 만들어 내려고 하면 막막하고 힘든 작업이 될 수 밖에 없다.

자료수집과 재무보고서 작성은 별개의 과정이 아니라 상호 밀접하게 연관된 과정이다. 다시 말해서, 자료수집 현장에서 고객의 재무상황에 대한 개략적인 분석을 통해 재무보고서를 어떻게 작성할지, 고객에게 어떤 솔루션을 제공할지에 대한 윤곽을 잡아야 한다. 윤곽을 잡는 중에 빠진 점이나 궁금한 점이 생긴다면 그 즉시 고객에게 질문하여 필요한 자료를 파악해야 한다. 이처럼 자료 수집 과정에서 보고서에 들어갈 내용을 정리해 놓는다면 보고서를 작성하는 과정이 쉬워지고 시간적으로도 많이 단축될 것이다.

따라서 재무보고서의 정의는 실무적으로 볼 때 다음과 같이 다시 정의할 수 있다.

"재무보고서란 자료수집 과정에서 고객과 합의한 내용을 문서화 하는 것"

재무보고서 작성 과정은,

고객이 불러준 자료를 가지고 사무실에서 새로운 무언가를 창조해 내는 과정이 아니라 고객과 자료수집 과정에서 이미 합의가 끝난 내용을 사무실에서 타이핑하는 과정이다.

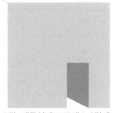

재무보고서의
구성 순서 5단계

현재 우리나라에서 사용하는 재무보고서는 회사, 개
인별로 상당히 다양한 양식, 다양한 분량의 재무보고서가 존재한다. 어느 것이 좋
고 나쁘고, 어느 것이 효율적이고 비효율적인지는 상황에 따라 다르다. 누가 어느
때 어떤 고객을 대상으로 사용하느냐에 따라서 그 결과는 다르기 때문이다.

다만 사용되는 재무보고서의 종류는 다양할지라도 재무보고서의 구성 순서는
큰 차이가 없이 동일하다. 재무보고서의 분량이 방대하더라도 큰 틀에서 보고서
의 흐름을 이해하고 설명할 수 있다면 재무보고서를 작성하는 재무설계사나 그
보고서를 받아보는 고객 모두가 쉽게 이해할 수 있을 것이다.

재무보고서는 다음의 5단계 순서에 따라 구성된다.

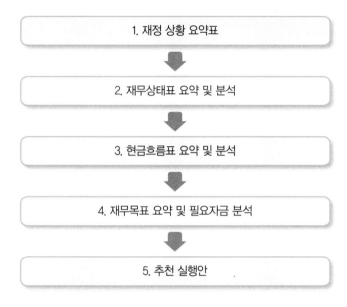

1. 재정 상황 요약표

2. 재무상태표 요약 및 분석

3. 현금흐름표 요약 및 분석

4. 재무목표 요약 및 필요자금 분석

5. 추천 실행안

각 구성 순서별 내용은 다음과 같다.

① 재정 상황 요약표

자료수집 과정에서 고객이 불러 준 데이터가 맞게 입력되었는지를 확인하는 과정이다. 고객이 알려 준 내용과 다르게 입력되었다면 이후의 분석자료가 잘못되었을 것이므로 보고서를 제안하는 첫 단계에서 반드시 확인 과정을 거쳐야 한다.

재정 상황 요약표를 고객과 함께 확인하면서 "맞으십니까?"라는 질문을 통해 이상 유무를 확인한다.

② 재무상태표 요약 및 분석

흩어진 고객의 자료를 요약하여 자산 부채 순자산 현황을 알려주고 현 시점에서 재무상태의 건전성을 분석해 주는 과정이다.

③ 현금흐름표 요약 및 분석

고객의 현금 흐름을 유입과 유출로 분류하고 유출 항목을 다시 고정지출, 변동지출 그리고 저축과 투자 항목으로 분류하여 현금 흐름에 문제가 있는지를 분석하는 과정이다.

④ 재무목표 요약 및 필요자금 분석

고객의 재무목표를 요약하고 각종 경제 변수와 기간을 고려하여 목표별로 필요한 자금을 계산한 후 투자 기간 및 예상 수익률에 따른 필요 저축액을 산출해내는 과정이다.

⑤ 추천 실행안

재무목표별로 필요한 자금을 준비하기 위한 합리적인 투자 방법을 제시하고 적절한 금융 상품 포트폴리오를 제안하는 과정이다.

처음 보고서를 접하는 고객은 보고서의 양식이 낯설 뿐만 아니라 개인 재무와 관련된 복잡한 내용을 접하게 되므로 사실상 보고서의 내용을 제대로 이해하기 어렵다. 이런 상황에서 재무설계사가 적지 않은 분량의 보고서를 주절주절 나열하게 되면 이해하기가 쉽지 않기 때문에 실행으로 연결되기는 더더욱 어렵다. 따라서 보고서를 제안하기에 앞서 보고서의 개략적인 내용과 순서를 고객에게 인지시킨다면 제안 과정이 보다 더 수월하게 진행될 수 있을 것이다.

보고서 제안을 시작하기에 앞서 다음과 같이 이야기한다.

"오늘 제가 말씀드릴 내용은,

먼저 지난 주에 고객님께서 알려 주신 재무상황에 대한 자료가 맞는지 확인하고,

그 자료를 바탕으로 현재 고객님의 재무상태와 현금흐름에 문제점이 있는지 점검한 후,

재무목표별로 필요한 자금 및 필요저축액을 알아보고,

현재 상황에서 고객님의 재무목표 실행에 가장 적절한 실행안을

종합적이고 객관적인 관점에서 제안해 드리도록 하겠습니다."

재무보고서 **작성**
실제 사례

보고서 작성 방법에 대해서는 재무상태표, 현금흐름표 등 기본적인 재무제표를 제외하고는 원칙이 정해져 있지 않으므로 여러 번 작성해 보면서 자신만의 보고서 틀을 정립하는 것이 중요하다.

본 교재에서는 필자가 직접 사용하는 재무보고서 양식을 첨부하고 사례를 예시하였다. 이를 참고하면 간단하고 손쉬운 보고서 작성이 가능하리라 생각된다.

관련 파일은 FP아카데미(www.fpacademy.co.kr) 자료실에 공개되어 있다.

[재무보고서 사례]

1. 표지

Lifetime Friends

재무설계 보고서
Financial Planning Report

고객님께 드립니다.

이 영 주 CFP
010-2373-7317
chorus25@naver.com
www.after60.co.kr

2. 인사말

재무설계사 본인에 대한 소개와 더불어 재무설계에 대한 본인의 철학 또는 상담 원칙에 대해
소개한다.

Financial Planning Report
인 사 말

안녕하십니까.
고객님의 재무설계를 담당하게 된 이영주 CFP 입니다.
저는 재무설계사로서 금융분야 전반에 걸친 전문지식 및 객관성을 바탕으로
최선의 재무설계 서비스를 제공해 드릴 것입니다.

제안서에 들어가기에 앞서 다음 사항에 대한 이해와 합의가 필요합니다.

★ 진정한 경제적 행복은 돈이 많은 것이 아니라 필요할 때 필요한 만큼 준비되어 있는 것입니다.

★ 구체적인 목표가 정해져 있지 않은 투자나 단순 저축은 결국 무의미하게 소비됩니다.

★ 단기적으로 수익이 높아 보이는 자산에 편중하는 것보다 자산을 적절한 Portfolio로 배분하는
  것이 장기적으로 더 높은 수익을 가져다 줍니다.

★ 단기(3년이내) 재무목표는 수익성보다는 안정성, 유동성을 확보하는 것이 최선입니다.

★ 중장기 재무목표는 안정적 운용보다는 수익형으로 투자하는 것이 더 합리적이며
  단기상품을 연장하는 것보다는 중장기상품에 투자하는 것이 복리효과를 누릴 수 있습니다.

★ 고령화의 가장 큰 문제점은 모은 자금을 다 쓴 후에도 생존해 있을 가능성이 크다는 것입니다.
  따라서 노후 소득의 50%는 반드시 자산이 아닌 지속적인 현금 소득으로 확보하여야 합니다.

★ 단기 운용 상품은 후취수수료로, 장기 상품은 선취수수료로 설계하여 부담을 완화합니다.

3. 목차

재무보고서의 목차를 통해 재무보고서가 어떤 흐름으로 진행되며 진행 단계별 내용이 무엇인지 개략적으로 설명한다.

Financial Planning Report

목 차

1   가계 재정현황 요약

2   재무상태 분석

3   현금흐름 분석

4   재무목표별 필요자금 분석

5   재무목표별 투자 Guide

6   추천 실행안

7   조정 현금흐름표

8   맺음말

4. 가계 재정현황 요약표

자료수집 과정에서 수집한 자료를 재무설계사가 요약 정리한 표이다. 이 표를 설명하면서 고객이 불러준 자료와 보고서에 기재된 자료가 일치하는지 확인한다.

Financial Planning Report
가계 재정현황 요약표

■ 가족 사항

	성 명	생년월일	직장/학교	부서/학년	직 위	비 고
본 인						
배우자						
자녀1						
자녀2						
자녀3						
주 소				e-mail		
자택전화		휴대폰			결혼기념일	

■ 금융자산 현황
(단위:만원)

소유자	금융기관	상 품	가입일	만기일	월납입	평가액	비 고
현금성자산					-	-	
채권형					-	-	
주식형					200	12,300	
	국민은행	미래솔로몬(선취형)				1,000	
	국민은행	슈로더브릭스주식형				2,000	거치형
	국민은행	JP모간 중남미주식형				1,000	
	국민은행	슈로더브릭스주식형			100	900	적립식.9회납
	국민은행	미래에셋인디팬던스			100	900	적립식.9회납
	신한은행	봉쥬르차이나2호C-A				2,000	
	신한은행	봉쥬르브릭스플러스A자C-A1				2,000	거치형
	신한은행	삼성배당주장기1호-C-C				2,500	
연금성					-	-	
보장성					21	-	
	삼성생명	CI보험	2004년		7	-	
	삼성생명	종신보험	2004년		14	-	
합 계					221	12,300	

■ 부동산자산 현황

소유자	자산명	사 양	평가액	구입일	부채규모	보유목적	비 고
	청구아파트	27평	30,000	2008년 4월	13,000	거주예정	08'년10월전세만기
합 계			30,000				

■ 부채 현황

소유자	금융기관	상 품	금 액	대출일	만기일	이자율	비 고
		전세보증금	13,000				
합 계			13,000				

5. 재무상태표

현재 시점에서 고객의 자산, 부채, 순자산 현황을 나타낸 표이다.

재무상태표

〈2011년 10월 28일〉 현재 (단위 : 만원)

자 산		부채와 순자산(자본)	
과 목	금 액	과 목	금 액
I. 현금 및 현금등가물	-	I. 단 기 부 채	-
수시입출금계좌		마이너스 통장	
MMF / MMDA		은행 대출	
II. 투 자 자 산	12,300	카드론	
채권형 투자		기 타	
주식형 투자 (단기)	12,300	II. 중 장 기 부 채	13,000
주식형 투자 (장기)		신용 대출	
아파트		담보 대출	
상가/건물		사 채	
토지		전세 보증금	13,000
III. 은 퇴 자 산	-	임대 보증금	
공적 연금		기 타	
퇴직금			
채권형 연금		III. 기 타	-
주식형 연금		개인 차입금	
IV. 위 험 관 리	-	연대 보증액	
보장성 보험			
생명 보험		부 채 합 계	13,000
V. 사 용 자 산	30,000		
주거용 주택	30,000		
임차 보증금		순 자 산	29,300
기타 자산			
자 산 합 계	42,300	부채와 순자산 합 계	42,300

▣ 투자 자산별 비중

(단위:만원)

구 분	금 액	비 중	비 고
유동성	-	0.0%	
채 권	-	0.0%	
주 식	12,300	29.1%	
부동산	30,000	70.9%	
노 후	-	0.0%	
합 계	42,300	100.0%	

＊주거용주택은 투자자산에서 제외함

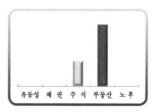

6. 재무상태 분석

재무상태표에 나타난 순자산, 비상예비자금, 부채 적정성, 자산배분 현황 등을 분석한다.

재무상태 분석

순자산 분석

재무상태표란 현재 시점에서 고객님의 과거 재무 및 투자활동의 결과를 나타내는 성적표입니다.
순자산은 자산에서 부채를 차감한 금액으로서 재무상태를 판단하는 가장 핵심적인 지표입니다.

- ◆ 현재 시점에서 순자산은   29,300 만원 입니다.
- ◆ 전년 대비   만원 증가하였습니다.

비상 예비자금 분석

비상예비자금 이란 소득원의 중단, 장애, 질병 등 예기치 못한 긴급상황에 적절히 대처하기 위한 자금입니다.
개인 재무제표상의 현금 및 현금등가물에 해당하는 것으로 월소득의 3-6개월치가 적정한 규모입니다.

- ◆ 최소 비상예비자금 규모는   540 만원 입니다.
- ◆ 현재 준비된 비상자금은   - 만원 입니다.

부채 적정성 분석

일반적인 가정의 적정 부채의 규모는 가계 총자산 대비 20% 정도이며 최대의 경우에도 36%를 초과하지
않는 것이 바람직합니다.

- ◆ 고객님의 적정 부채규모는   8,460 만원 입니다.
- ◆ 현재 고객님의 부채규모는   13,000 만원 입니다.   (30.7%)

자산배분 현황 분석

합리적인 자산 배분을 위해 주식과 채권, 부동산 등 다양한 자산에 적절하게 분산하는 것이 중요합니다.
또한 재무목표에 따라 단기, 장기, 노후로 기간을 분산하는 것이 바람직합니다.

- ◆ 주식자산   12,300 만원 입니다. (29.1%)   ◆ 단기자산   12,300 만원 입니다. (100.0%)
- ◆ 채권자산   - 만원 입니다. (0.0%)   ◆ 장기자산   - 만원 입니다. (0.0%)
- ◆ 부동산   30,000 만원 입니다. (70.9%)   ◆ 노후자산   - 만원 입니다. (0.0%)

7. 현금흐름표

일정 기간 동안의 현금 유입, 유출 현황을 나타낸 표이다.

Financial Planning Report

현금흐름표

(2011년 10월 01일 ~ 2011년 10월 30일)   (단위 : 만원)

유 출		유 입		
과 목	금 액	과 목		금 액
I. 저축과 투자		I. 사업 / 근로소득		
현금 유동성		본인	근로소득	580
채권형 투자 (혼수준비)	150	배우자	근로소득	150
주식형 투자 (단기)	200			
주식형 투자 (장기)				
연금 투자 (채권형)				
연금 투자 (주식형)				
소 계	350	소 계		730
II. 고정 지출		II. 투자 소득		
공적 연금		금융소득	이자소득	
부채 상환금			배당소득	
건강 / 고용 보험료		부동산	임대소득	
각종 보험료	20	연금소득	공적/퇴직	
			개인연금	
소 계	20	소 계		-
III. 변동 지출		III. 기타 소득		
생활비	160	일시 재산 소득		
육아 / 교육비		상속 및 증여 소득		
교통 / 통신비		기타 소득		
기부금 / 기타				
소 계	160	소 계		-
미파악 지출	200	미파악 소득		
유 출 합 계	730	유 입 합 계		730

■ 투자 형태별 비중
(단위 :만원)

구 분	금 액	비 중	비 고
유동성	-	0.0%	
채 권	150	42.9%	
주식 (단기)	200	57.1%	
주식 (장기)	-	0.0%	
연 금	-	0.0%	
합 계	350	100.0%	

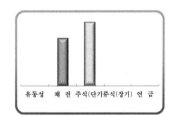

8. 현금흐름 분석

현금흐름표에 나타난 저축성향, 소비성향, 투자배분 현황 등을 분석한다.

현금흐름 분석

저축성향 분석

저축률은 총소득 중 저축 및 투자에 지출되는 비율로서 맞벌이 가정의 경우 총 소득의 40~50%,
외벌이 가정의 경우 총 소득의 20~30%를 유지하시는 것이 바람직합니다.

- ◆ 고객님의 적정 저축액은　　329　만원 이상 입니다.
- ◆ 고객님의 현재 저축액은　　350　만원 입니다.　(47.9%)

소비성향 분석

소비율은 총소득 중 고정지출 및 변동지출에 지출되는 비율로서 맞벌이 가정의 경우 총 소득의 50% 이내,
외벌이 가정의 경우 총 소득의 70% 이내를 유지하시는 것이 바람직합니다.

- ◆ 고객님의 적정 소비액은　　365　만원 이내 입니다.
- ◆ 고객님의 현재 소비액은　　180　만원 입니다.　(24.7%)

투자배분 현황 분석

다양한 재무목표를 동시에 효과적으로 달성하기 위해 투자대상과 투자기간을 적절하게 분산하여
투자하는 것이 중요합니다.

- ◆ 현금성　　-　만원 입니다.　(0.0%)
- ◆ 단기투자　　350　만원 입니다.　(100.0%)
- ◆ 채권형　　150　만원 입니다.　(42.9%)
- ◆ 장기투자　　-　만원 입니다.　(0.0%)
- ◆ 주식형　　200　만원 입니다.　(57.1%)
- ◆ 노후투자　　-　만원 입니다.　(0.0%)

9. 재무목표 분석

재무목표별로 필요한 자금 규모 및 필요 저축액을 분석한다.

재무목표 분석

■ 재무 목표

우선순위	재무 목표	기간구분	주 요 내 용
1	노후준비	장기	60세은퇴, 85세수명, 월150만원 생활비
2	자녀교육자금	장기	자녀 출산 후 미래교육자금 준비, 인당 5천만원
3	부채상환	단기	2008.10월 1.3억 발생, 1~2년 후 상환
4	차량구입,학업자금	단기	1년후 차량구입, 2년후 배우자 박사과정 진학
5	주택확장자금	중장기	10년 후 주택 확장, 평당 1천만원 가정

■ 예상 소요비용

(단위:만원)

재무 목표	현재가치		주택확장	첫째교육	둘째교육	은퇴	2006현재 평균수명	미래예상 평균수명
예상물가상승률	33세		43세	54세	56세	60세	80세	85세
4%								
주택확장	10,000		14,802					
첫째교육	5,000			11,394				
둘째교육	5,000				12,324			
노후자금	월 150		27 년				129,752	25 년

■ 매달 필요 저축액

(단위:만원)

재무 목표	총 필요액	저축기간	旣 준비	필요차액	4%수익률	8%수익률	12%수익률	비고
주택확장	14,802	10 년		14,802	월 103	월 85	월 70	
첫째교육	11,394	21 년		11,394	월 30	월 19	월 12	
둘째교육	12,324	23 년		12,324	월 28	월 17	월 10	
노후자금	129,752	27 년		129,752	월 230	월 124	월 64	
50%연금준비	64,876	10 년		64,876	월 231	월 101	월 45	

*노후자금의 절반은 현금흐름이 보장되는 종신형연금으로, 나머지는 국민연금 및 기타 자산으로 준비

10. 재무목표별 투자 Guide

재무목표별로 합리적인 투자 방법 및 적절한 상품군에 대해 설명한다.

재무목표별 투자 Guide

▣ 펀드 분류 기준

펀드는 크게 투자대상에 따른 분류와 투자기간에 따른 분류으로 나누어집니다.
1) 투자대상에 따른 분류
   ①대형주펀드 : 시가총액 상위를 차지하는 대형 우량주에 투자하는 펀드로서 장기투자시 높은 수익 가능
   ②테마주펀드 : 테마주에 투자하는 펀드로서 단기 고수익이 가능한 반면 대형주에 비해 위험 높음
   ③배당주펀드 : 배당수익을 추구하는 펀드로서 타 펀드에 비해 변동성이 적고 상대적으로 안정적인 수익 추구 가능
   ④해외펀드 : 해외시장에 투자하는 펀드로서 투자대상국에 따라 고수익을 추구할 수 있으나 해당 국가의 정치, 경제적 변화에 즉각 대응이 어려우며 환위험에 노출될 수 있음
2) 투자기간에 따른 분류
   ①단기펀드 : 3년이하로 납입하는 펀드로서 일반적으로 증권회사를 통해 후취수수료 형태로 판매됩니다.
   3년이후에도 연장가능하나 수수료 부담이 증가할 수 있습니다.
   ②장기펀드 : 10년이상 납입하는 펀드로서 일반적으로 보험회사를 통해 선취수수료 형태로 판매됩니다.
   장기이므로 입출금 등 유동성이 있으나 조기해지시 높은 수수료가 발생할 수 있습니다.

▣ 교육 자금 마련

자녀교육자금은 시기가 닥쳐 준비하는 것보다는 기간을 두고 차근차근 준비하시는 것이 바람직합니다.
교육자금의 성격상 다음과 같은 점에 유의하여 선택하셔야 합니다.
1) 10년이상의 중장기 자산이므로 안정형보다는 수익추구의 성장형이 유리함
2) 학자금은 대학기마다 발생하므로 일시환급보다 수시출금 기능이 있어야 함
3) 중장기로 투자되므로 경제상황에 따라 펀드변경이 가능해야 함
4) 저축기간 중 발생할 수 있는 가장의 사고,질병,사망 등 위험상황에 대한 검토가 필요함

▣ 노후 자금 마련

노후자금의 절반 이상은 지속적인 현금흐름을 보장하는 연금으로 준비하시는 것이 가장 안정적입니다. 또한 가능한 일찍
시작하셔야 복리효과를 누리실 수 있으며 노후자금의 성격상 다음과 같은 점에 유의하여 선택하셔야 합니다.
1) 장기 투자자산이므로 안정형보다는 성장형으로 운영하는 것이 유리함
2) 노후자금의 중요성을 감안하여 100%주식형보다는 주식과 채권을 적절하게 혼합하여 안정적으로 설계함
3) 명의는 부부가 금액을 나누어서 각각의 연금으로 설계하되 최종생존자(부인)를 우선적으로 설계함
4) 소득공제상품은 향후 연금수령시 소득세가 부과되므로 소득공제효과가 적은 급여소득자의 경우에는
   세금이 평생면제되는 비과세연금으로 설계하는 것이 효율적임

▣ 합리적인 보험 설계

보험은 사망시 남은 가족의 안정적인 생활을 위한 사망보험과 질병 또는 상해시 본인의 치료비를 보장하는 건강
보험으로 구분할 수 있습니다. 또한 지급방법에 있어서 정해진 금액만 지급하는 정액보상과 실제 발생한 비용을
보상하는 실손보상으로 구분됩니다. 따라서 가장 합리적인 보험플랜은 다음과 같은 점을 반영하여야 합니다.
1) 사망보험은 정액보상으로 설계하고 본인 생존시의 치료비는 실손보상으로 설계함
2) 여성 또는 가족의 경제적인 부분을 책임지고 있지 않은 가입자의 경우에는 치료비 위주로 설계함
3) 사망보험은 종신으로 설계하는 것보다 자녀성장시까지만 보장받도록 설계하면 보험료 부담을 줄일 수 있음.

11. 추천 실행안

재무설계사가 추천하는 실행안을 고객의 재무목표 우선순위에 따라 제안한다.

추천 실행안

1 노후준비

실행 구분	상품 구분	투자 목적	투자 금액	실행 시기	실행 기간	비 고
신규	변액연금	남편노후준비	월 50만원	2008년 8월	10년	65세↓ 개시
신규	연금펀드	남편노후준비	월 25만원	2008년 8월	10년	소득공제용
신규	변액연금	부인노후준비	월 50만원	추후	10년	

추천 의견

안정적인 노후를 위해서는 월 120만원 이상의 투자가 지속적으로 이루어져야 합니다.
우선 남편 명의로 시작하고 향후 부인명의의 준비를 병행하시기 바랍니다.
적절한 투자대안으로는 주식형 변액연금과 소득공제용 연금펀드에 분산 투자하는 것이 좋습니다.

2 자녀교육자금

실행 구분	상품 구분	투자 목적	투자 금액	실행 시기	실행 기간	비 고
신규	어린이변액보험	첫째교육자금	월 20만원	출산 이후	10~20년	
신규	어린이변액보험	둘째교육자금	월 20만원	출산 이후	10~20년	

추천 의견

자녀 출산 이후 자녀 명의로 주식형 변액보험에 장기투자하시는 것이 가장 바람직합니다.

3 부채상환

실행 구분	상품 구분	투자 목적	투자 금액	실행 시기	실행 기간	비 고
현행유지	거치형펀드 6개	부채상환	1억5백만원	지속	1~2년	

추천 의견

고객님의 자산 및 소득 규모를 감안한 적정 부채규모는 8천만원 정도입니다.
따라서 주가 회복 시기에 맞춰 점차 부채를 상환해 가되 무조건적인 상환보다는 5천만~8천만원 정도
범위 내에서 투자수익과 부채상환을 병행하시는 것도 좋습니다.
펀드 투자는 국내펀드에 60~70%, 해외 및 기타펀드에 30~40%의 비중을 유지하시는 것이 좋습니다.

4 차량구입, 학업자금

실행 구분	상품 구분	투자 목적	투자 금액	실행 시기	실행 기간	비 고
현행유지	미래에셋인디펜던스	차량구입	월 100만원	지속	1~2년	
전환	신영마라톤주식형	학업자금	월 100만원	2008년8월	1~2년	슈로더브릭스적립식

추천 의견

현재 가입 중인 적립식 펀드 2개를 단기 목적자금용으로 운용하되 브릭스펀드는 국내대형가치주 펀드로
전환하여 1~2년 후 학업자금으로 활용하시기 바랍니다.

12. 조정 현금흐름표

재무설계 추천안을 실행하게 되면 향후 현금흐름이 어떻게 달라지는지 보여준다.

조정 현금흐름표

(단위 : 만원)

현금 유출 (조정 前)		현금 유출 (조정 後)		실행안
과 목	금 액	과 목	금 액	
I. 저축과 투자		I. 저축과 투자		
현금 유동성	-	현금 유동성	35	CMA
채권형 투자	150	채권형 투자	150	부인저축
주식형 투자 (단기)	200	주식형 투자 (단기)	200	적립식펀드
주식형 투자 (장기)	-	주식형 투자 (장기)	80	변액유니버셜보험
연금 투자 (채권형)		연금 투자 (채권형)		
연금 투자 (주식형)	-	연금 투자 (주식형)	75	변액연금,연금펀드
소 계	350	소 계	540	
II. 고정 지출		II. 고정 지출		
공적 연금		공적 연금		
부채 상환금	-	부채 상환금		
건강 / 고용 보험료	-	건강 / 고용 보험료		
각종 보험료	20	각종 보험료	30	종신, 실손보험
소 계	20	소 계	30	
III. 변동 지출		III. 변동 지출		
생활비	160	생활비	160	
육아 / 교육비	-	육아 / 교육비		
교통 / 통신비	-	교통 / 통신비		
기부금 / 기타	-	기부금 / 기타		
소 계	160	소 계	160	
미파악 지출	200	미파악 지출		
유 출 합 계	730	유 출 합 계	730	

■ 투자 형태별 비중 [조정 前]

구 분	금 액	비 중
유동성	-	0.0%
채 권	150	42.9%
주식 (단기)	200	57.1%
주식 (장기)	-	0.0%
연 금	-	0.0%
합 계	350	100.0%

■ 투자 형태별 비중 [조정 後]

구 분	금 액	비 중
유동성	35	6.5%
채 권	150	27.8%
주식 (단기)	200	37.0%
주식 (장기)	80	14.8%
연 금	75	13.9%
합 계	540	100.0%

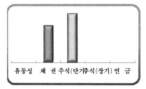

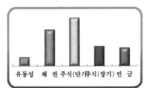

재무설계 길라잡이

13. 맺음말

맺음말

본 Financial Planning은

1. 귀하와 귀댁의 재무목표가 실현될 수 있도록 최선을 다했으며,

2. FP 로서 견지해야 할 성실성, 객관성, 비밀 유지의 원칙에 충실을 기했으며,

3. 향후 정기적인 모니터링으로 변화하는 금융 / 재무환경을 반영하여 전 생애에 걸쳐
   재무목표가 달성되도록 최선의 노력을 다할 것입니다.

감사합니다.

2011년 10월 28일

Planner : 국제공인재무설계사 이 영 주 (인)

STEP5

합리적인 자산 배분

고객에게 추천할 실행안을 작성하는 과정에서 재무설계사들은 효과적인 자산 배분 방법에 대해 고민하게 된다. 한정된 재원과 제한된 투자 방법 내에서 고객의 재무목표가 조금이라도 더 달성될 수 있도록 해야 하기 때문이다. 그런데 고객의 재무목표가 여러 가지이고, 기간과 금액도 다양할 뿐만 아니라 투자를 바라보는 고객의 위험성향도 다양하기 때문에 획일적인 자산 배분 방법을 적용하는 것은 무의미하다. 또한 한두 가지 투자 방법에 올인할 경우 엄청난 위험에 처하게 될 수도 있다.

따라서 재무설계사는 일정한 자산 배분 원칙 하에서 고객의 상황을 잘 접목하여 고객에게 적합한 최선의 자산 배분안을 제시할 수 있어야 한다. 이 장에서는 자산배분이 왜 중요한지 살펴보고 기본적인 자산배분 원칙 및 방법에 대해서 알아보기로 하자.

자산 배분이 필요한 이유

❶ 다양한 재무목표를 함께 준비해야 행복하다.

한 개인이 인생을 살면서 준비해야 할 재무목표는 여러 가지가 있다. 만약 인생의 재무목표가 하나 밖에 없다면 고민할 필요 없이 그 목표를 달성하기 위해 올인하면 되겠지만 여러 개의 재무목표가 있는 경우에는 어떤 것부터 준비해야 할지 고민해야 한다. 이 상황에서 대부분의 사람들은 재무목표들을 함께 준비하려 하기보다는 당장 눈 앞에 급한 목표들을 우선적으로 처리하려고 할 것이다. 급한 것이 가장 중요해 보이기 때문이다. 그러나 한 가지 재무목표에 올인해 준비하다 보면 다른 재무목표들에 대한 준비는 점점 더 어려워진다.

실제로 사람들은 하나의 목표를 달성하고 나면 다른 목표를 준비해야겠다는 생각보다는 이미 달성한 목표에 대한 눈높이가 높아져서 더 큰 욕심이 생기는 경우가 많다. 예를 들어, 주택대출을 상환해야 하는 경우 우선적으로 빠른 시일 내에 대출금액을 다 갚고 난 후에 다른 재무목표를 준비해야겠다고 생각한다. 그러나 실제로 대출상환을 완료하고 나면 더 넓은 주택, 더 좋은 환경의 주택에 대한 욕심이 생겨서 주택에 대한 지출을 계속 늘리게 된다. 이 경우 다른 재무목표들은 항상 뒷전이 될 수 밖에 없으므로 다른 재무목표들을 준비하는 것은 점점 어려워지게 된다.

결국 한 가지의 목표, 한 가지의 투자방법이 인생의 전부가 되어버리고 욕심의 희생양이 되어 다른 재무목표는 물론이고 첫 목표조차 불안하게 만드는 상황이 초래되고 만다.

인생의 재무목표들을 동시에 함께 준비해 가는 것이 조금 모자란 듯해도 결과적으로 가장 행복해지는 투자방법이다. 재무목표의 우선순위에 따라 준비하는 비율은 달라질 수 있겠지만 원칙적으로 함께 준비해 나가는 것이 재무설계의 기본이다. 따라서 재무설계사는 고객의 재무목표가 함께 준비되어 갈 수 있도록 재무목표별로 적절하게 분산된 투자 포트폴리오를 제안하여야 한다.

165

❷ 투자의 위험을 감소시킨다.

저금리 추세가 지속되면서 사람들은 단순 저축이 아닌 투자라는 새로운 환경에 직면하게 되었다. 과거 고정된 이자를 지급받던 안정된 금융환경에서는 위험이라는 요소가 거의 없었으므로 위험에 대한 관리 또한 불필요한 것이었다.

그러나 현재의 저금리 고물가 상황에서는 투자를 통해 물가상승률 이상의 수익을 내지 않으면 자산이 늘기는커녕 감소하게 된다. 따라서 자산의 일정 부분을 투자자산에 배분하여야 하는데, 투자는 수익을 목표로 하는 것이고 수익은 반드시 위험을 동반하므로 위험에 대한 관리 없이는 성공적인 투자가 불가능하다.

위험을 피할 수 없다면 위험을 잘 관리하는 것이 중요한데, 위험을 관리하는 방법 중 가장 좋은 방법이 바로 위험을 분산시키는 것이다. 한두 가지 투자 방법에 집중하는 것은 단기적으로는 높은 수익을 올릴 수 있지만 위기 상황이 닥쳐오면 결국 더 큰 손실을 발생시킨다. 물론 잃을 때 잃더라도 높은 수익을 목표로 하여 집중투자를 할 수는 있겠지만 이는 결국 투기나 도박으로 이어질 가능성이 크며 따라서 재무목표 달성을 통해 행복한 삶을 만들어가는 재무설계가 추구하는 방향과 전혀 다르다.

반면 적절한 분산 투자는 단기적으로는 큰 수익을 발생시키지 못할 수도 있지만 위험요소를 줄이게 되어 장기적으로 더 높은 수익을 가져다 줄 수 있다. 한 줄에 매달려서 올라가는 엘리베이터보다는 세 줄에 매달려서 올라가는 것이 훨씬 안정적이고 안전한 것과 같은 이치이다. 합리적인 자산배분은 투자의 위험을 줄이는 가장 최선의 방법이다.

❸ 충분한 여력이 있는 사람이 현실적으로 많지 않다.

산업화, 도시화로 인한 소비 환경의 변화로 인해 인류는 역사상 유례없는 소비시대를 경험하고 있다. 이로 인해 저축 여력은 점점 줄어드는 반면 고령화가 가속화되면서 인생의 필요자금은 눈덩이처럼 불어나고 있다. 이처럼 필요자금은 늘어나고 저축은 줄어드는 상황이 지속되면서 고객이 희망하는 재무목표들을 모두다 준비한다는 것이 현실적으로 점점 불가능해지고 있다.

실제로 재무설계를 하다 보면 거의 대부분의 가정에서 재무목표 필요자금 대비 준비 여력이 부족함을 알 수 있다. 이런 상황에서 재무설계사는 다음과 같은 역할을 하여야 한다.

① 고객의 재무목표를 합리적이고 달성 가능한 수준으로 조정해 주고,

② 체계적인 소비 관리를 통해 불필요한 소비를 줄여줌과 동시에,

③ 올바른 투자 및 자산 배분을 통해 시행착오를 줄여주는 것이다.

일부에서는 무리하게 설정된 재무목표를 달성시키기 위해 실제 달성하기 어려운 허황된 수익률을 제시하거나 고수익을 달성하기 위해 고객의 상황을 감안하지 않은 무리한 투자를 제안하는 경우가 있는데 이 경우 위험요소가 더 커지게 되어 결국 고객을 큰 위험에 빠지게 만든다.

좋은 투자 대상을 고르는 것, 많은 수익을 올리는 것보다 누수를 줄이는 것, 실패를 줄이는 것이 더 중요하다. 아무리 뛰어난 금융전문가라 할 지라도 고수익을 내는 투자처를 지속적으로 발굴한다는 것은 거의 불가능에 가깝다. 따라서 재무설계사는 합리적인 투자 배분을 통해 고객의 여력 한도 내에서 가장 효과적으로 재무목표를 달성해 갈 수 있도록 조언하여야 한다.

백전백승, 시장을 이기는
자산 배분 원칙

　급변하는 시장, 쏟아지는 금융상품 속에서 재무설계사들은 고객에게 가장 적합한 자산배분안을 제안하기 위해 고민할 것이다. 이를 위해 상품 연구를 하기도 하고, 직접 주식에 투자해 보기도 하고, 시중에 나와 있는 수많은 투자서적을 보며 실력을 쌓기도 한다.

　그러나 이와 같은 방법은 재무설계사와 고객을 더욱더 고민스럽게 할 뿐 진정으로 원하는 답을 얻기 어렵다. 왜냐하면 시장은 수시로 변하고 매일같이 새로운 상품이 출시되는데 재무설계사 개인이 이를 따라가는 것은 사실상 불가능하기 때문이다.

　다음 중 시장을 이기는 방법은 무엇일까?
　① 시장의 변화를 뒤쫓아 간다.

② 시장의 변화를 앞서 나간다.

③ 시장의 변화를 무시한다.

시장을 뒤쫓아 가면 시장을 이길 리 만무하다. 그래서 시장보다 앞서 나가려고 열심히 연구하고 공부하면 한두번 앞서 나갈 수는 있겠지만 신이 아닌 이상 계속 앞서나갈 수는 없다. 시장을 이기는 방법은 시장을 앞서거나 뒤쫓는 방법이 아니라 시장을 무시하고 원칙과 기준을 지키는 것이다.

그렇다면 그 원칙은 어떻게 찾을 수 있을까?

매일같이 변하는 시장에서는 아무리 깊이 연구한다 해도 원칙을 찾을 수 없다. 변하는 것을 연구하면 답을 얻기 어렵고 설령 오늘 답을 찾았다 해도 그 답이 내일은 유효하지 않을 것이기 때문이다.

그러나 변하지 않는 것을 연구하면 원칙을 찾을 수 있다. 시장과 상품은 변하지만 시장과 상품에 투자하는 사람은 변하지 않는다. 따라서 인간의 심리와 행동 패턴을 자세히 연구하면 시장을 이기는 원칙과 기준을 발견할 수 있다.

정말 좋은 재무설계사는 고객에게 재무설계의 원칙과 기준을 제시하고 그 원칙과 기준을 변함없이 지켜나가는 사람이다. 그리고 그런 과정을 통해 비로소 재무목표가 달성될 수 있다. 따라서 재무설계사는 고객의 투자 포트폴리오를 제안할 때 다음과 같은 원칙을 반드시 지켜야 한다.

❶ 수익률이 아닌 재무목표를 중심으로 자산을 배분하라.

자산배분의 목적은 수익률 제고가 아니라 재무목표 달성이다. 따라서 자산배분 과정은 재무목표를 중심으로 이루어져야 한다.

그런데 일부에서는 재무설계를 고객 자산의 수익률을 올려 주는 것으로 잘못 생각하는 경우가 있다. 이 경우 원칙은 무시한 채 좀 더 나은 투자 대상, 좋은 투자 시점을 찾기 위해 노력을 집중한다. 그렇게 해서 단기적으로 높은 수익을 올릴 수는 있겠지만 지속적으로 높은 수익률을 달성한다는 것은 거의 불가능에 가깝다. 설령 높은 수익을 올린다 해도 그 돈은 더 높은 수익을 위해 재투자될 뿐, 재무목표를 위한 자금으로 돌아오기 어렵다. 그러다가 결국 더 큰 실패를 하게 되어 재무목표 달성은 불가능해진다.

시장은 항상 흔들리며 변동한다. 이런 시장에서 수익률 위주의 자산 배분을 하면 고객과 재무설계사 모두가 시장의 흔들림에 일희일비하게 된다.

반면, 재무목표를 중심으로 합리적인 가정과 원칙 하에서 자산을 배분한다면 시장의 변화에 흔들리지 않게 되고 결과적으로 재무목표를 달성할 수 있다. 수익을 쫓아가면 수익을 얻을 수 없지만 원칙을 지키다 보면 수익은 자연히 따라오게 된다.

재무설계사는 고객의 재무목표를 달성하도록 도와주는 사람이지 수익률을 올려주는 사람이 아니다. 시장의 유행을 좇아 종목과 타이밍을 맞추는 사람이 아니라 오늘 말과 내일 말이 동일한, 시장의 유혹을 뿌리치고 변함없는 원칙을 지켜나가는 사람이 바로 진정한 재무설계사이다.

❷ **고객의 상황에 맞춰 분산해서 투자하라.**

아무리 잘 구성된 분산투자 포트폴리오라 하더라도 어느 고객에게나 똑 같은 분산투자 포트폴리오를 제공하는 것은 바람직하지 않다. 고객의 상황에 따라 위험도가 달라지기 때문이다.

합리적인 자산배분을 위해서는 고객의 상황에 맞춰 분산 투자해야 한다. 고객의 재무목표별 기간에 따라 분산해야 하고, 고객이 투자하는 금액의 비중 및 고객이 가진 개인 성향에 따라 분산하여야 한다.

분산 투자를 해야 하는 이유는 위험을 줄이기 위해서이다. 그런데 투자자가 실패하는 가장 큰 이유는 투자 대상이 가진 위험보다는 그 투자대상을 바라보는 투자자가 가진 감정의 위험이 더 큰 요인이다. 시장이 흔들릴 때 그 상황을 바라보는 투자자의 감정이 더 크게 흔들리기 때문이다. 감정이 흔들리면 이는 탐욕과 공포로 이어지고 이것이 투자에 실패하는 가장 큰 원인이 된다.

따라서 투자 대상이 가진 위험을 줄이는 것보다 투자자가 가진 감정의 위험을 줄이는 것이 더 중요하다.

변동하는 투자시장에서 고객이 흔들리지 않게 하기 위해서는 고객의 상황을 먼저 파악하고 고객의 상황에 맞는 투자방법을 제안하여야 한다. 고객의 상황에 맞춘 분산 투자 기준은 다음과 같다.

① 재무목표별 필요기간에 따라 분산하라.

고객의 재무목표별 필요기간에 따라 단기, 중기, 장기로 구분하여 기간별 특성에 맞는 분산 투자가 이루어져야 한다. 투자기간이 단기일수록 자산 배분은 신중하고 안정적으로 이루어져야 하며, 투자기간이 길어지면 좀 더 공격적으로 투자할 수 있을 것이다.

② 총 자산 대비 투자금액의 비중에 따라 분산하라.

고객이 보유한 총 자산 대비 투자되는 금액의 비중이 적절한 지 검토하고 안정형 자산과 수익형 자산에 적절하게 분산될 수 있도록 하여야 한다. 똑같이 1억을 투자하는 고객일지라도 총 자산이 100억인 사람이 1억을 투자하는 것과, 총 자산이 1억인 사람이 1억을 투자하는 것은 상황이 완전히 다르다. 따라서 고객의 투자금액과 투자 비중을 파악해서 투자 비중이 높을 경우 안정적으로 투자하고, 투자 비중이 낮아질수록 좀 더 공격적으로 투자할 수 있을 것이다.

③ 투자 경험에 따른 투자 성향에 맞춰 분산하라.

동일한 목표기간에 동일한 비중의 금액을 투자한다 할 지라도 고객의 개별적인 투자 성향에 맞춰 투자자산을 분산하여야 한다. 고객의 투자 성향은 그 고객의 과거 경험으로부터 기인한다. 투자 경험이 전혀 없다거나, 과거에 실패한 투자 경험이 있었던 고객의 경우 안정적인 투자를 선호하게 된다. 반면 투자 경험이 많이 있고, 이를 통해 투자의 위험을 어느 정도 감수할 수 있는 고객은 공격적인 투자를 선호할 수 있다. 따라서 고객의 투자 성향을 확인하고 이에 맞춰 자산 배분이 이루어져야 한다.

❸ 지속적으로 유지될 수 있도록 자산 배분한다.

한 번 설계된 자산 배분안은 큰 틀에서 수정이 없도록 설계한다.

주식 시장이 활황이라고 해서 주식형 펀드 위주로 설계한다거나, 시장이 불안하다고 해서 안정형 위주로 설계하는 것은 일시적으로는 적절해 보이지만 결국 조만간 수정을 해야 하는 상황이 발생하게 된다.

또한 편한 기능만을 고려하여 입출금, 수시환매 등의 유동성을 중심으로 설계하면 결국 만기까지 가지 못하고 중도에 다 포기하게 된다. 재무설계가 성공하기 위해서는 목표 달성시점까지 유지하는 것이 중요하므로 이를 위해 다소 불편하고 강제적이더라도 만기까지 유지할 수 있는 시스템을 갖추도록 자산을 배치하여야 한다.

❹ 고객의 현재 상황을 최대한 존중한다.

고객의 재무 상황에 문제가 많은 경우 현재 재무 상태 전체를 뒤바꾸는 포트폴리오를 제안하는 경우가 종종 있다. 그러나 재무설계사가 아무리 좋은 포트폴리오를 제안한다고 해도 기존에 고객이 가지고 있는 재무 포트폴리오를 한 번에 뒤집는 것은 좋지 않다. 잘했든 잘못했든 지금껏 만들어 온 포트폴리오를 한 번에 뒤집는 것은 절차적으로도 어려울 뿐만 아니라 고객이 감정적으로 동의하려고 하지 않을 것이다.

또한 재무설계를 처음 접하는 사람에게 획일적이고 숨막힌 듯한 재무설계 틀을 제안하는 것도 바람직하지 않다. 일반적인 사람들은 일정한 틀에 맞춰 사는 것에 익숙하지 않다. 구체적인 인생목표를 세워 본 적도 없을 것이고, 막연한 미래의 행복을 위해 현재의 즐거움을 희생하려고 하지 않을 것이다. 이런 상태의 고객을 아무런 적응 과정 없이 재무설계의 틀에 맞추려고 하면 대부분 거부하려 할 것이고 설령 실행한다 해도 얼마 가지 못할 것이다.

성공적인 재무설계는 한 번의 과정을 통해 이루어지는 것이 아니라 수 차례의 면담과 실행, 모니터링을 통해 조금씩 만들어가는 과정이다. 따라서 고객의 재무 상황을 최대한 존중하면서 조금씩 개선해 나가려는 노력이 반드시 병행되어야 한다.

10분만에 끝내는
최적 자산 **배분 방법**

　　재무설계 상담 경험이 적은 재무설계사들은 자산 배분 과정에서 어떻게 구성하는 것이 고객에게 최선의 포트폴리오를 제공하는 것인지 고민하게 된다.

　　그러나 앞서 말한 자산 배분 원칙과 다음의 자산 배분 방법을 숙지한다면 아무리 초보자라 할 지라도 큰 어려움 없이 좋은 포트폴리오를 구성할 수 있을 것이다. 자산 배분 방법은 시장과 상품을 연구할수록 복잡해지지만 사람을 연구할수록 간단해지기 때문이다. 또한 재무설계의 성공을 위해서는 자산 배분 포트폴리오를 잘 만드는 것보다 꾸준히 지켜나가는 것이 더 중요하다.

　　자산 배분 방법은 크게 기간에 따른 배분 방법, 수익성에 따른 배분 방법, 명의에 따른 배분방법 등이 있다. 고객의 상황에 맞춰 이 세 가지 기준을 적절히 조화시킨다면 최선의 포트폴리오를 제안할 수 있을 것이다.

❶ 기간에 따른 배분

한 개인의 재무목표는 다양한 시기에 다양한 기간을 두고 존재한다. 그리고 준비 기간에 따라 투자 방법은 달라지게 된다. 따라서 재무목표를 기간별로 분류하고 그에 맞는 투자 포트폴리오를 설계하여야 한다.

재무목표의 기간은 일반적으로 단─중─장기로 구분하는데 기간 설정은 재무설계사에 따라 차이가 있으나 보통 다음과 같이 구분한다.

- 단기: 3년 이내에 자금이 필요한 재무목표 또는 비상예비자금
- 중기: 3년 이상 10년 이내의 재무목표
- 장기: 10년 이상의 기간이 필요한 재무목표 또는 노후자금

재무목표 중 비상예비자금은 언제 필요할 지 모르므로 단기 재무목표와 동일한 방식으로 운용하는 것이 좋다. 노후자금은 기간 측면에서는 장기 목적자금이지만 자금의 성격이 여타 장기 목적자금과 다르므로 별도로 분리하여 운용하는 것이 좋다. 이하에서는 기간별 자산배분 및 투자 방법에 대해 알아보기로 하자.

① 단기 목적자금 또는 비상예비자금 – 안정성과 유동성

단기 목적자금은 3년 내에 필요한 자금이다.

Ex. 1년후 결혼자금, 2년후 전세자금, 언제 쓸 지 모르는 비상예비자금 등

단기 자금들은 필요한 시기가 얼마 남지 않았으므로 수익률 목표보다는 안정성과 유동성을 최우선으로 추구해야 한다. 1년 후에 올려줘야 할 전세자금을 주식에 투자해서 날린다거나, 부동산에 투자해서 묶여버린다면 1년 후 살던 집에서 쫓겨날 수 밖에 없을 것이다. 따라서 단기 목적자금은 위험성 있는 투자보다는 안정적이면서 중도 해지시 원금손실의 위험이 없는 금융상품에 투자하는 것이 바람

직하다.

또한 중기나 장기 목적자금이라 할 지라도 투자기간이 경과하여 투자 종료 시기가 1년 내에 도래하는 경우에는 단기 자금 운용방식과 동일하게 안정적이고 유동성이 있는 자산으로 미리 옮겨서 관리하여야 한다.

단기 목적자금의 운용에 적절한 금융상품으로는 안정적이면서도 수시 입출금이 가능한 시중 은행의 예적금 또는 CMA 상품 등이 적합하다. 1~2%의 금리를 더 받기 위해 제 2금융권의 예적금 상품을 추천할 경우에는 실제 얻을 수 있는 이익 대비 감수해야 하는 비용이나 위험의 크기를 고려하여 신중하게 추천하는 것이 바람직하다.

또한 3년 이상의 기간을 가진 중장기 금융상품이라 할 지라도 중도 해지 시 원금손실의 위험이 없는 저축형 상품은 사실상 단기 목적자금 운용 상품으로 분류해도 무방하다. 해지에 대한 부담이 없기 때문에 일정한 저축을 꾸준히 유지하기보다는 중도에 포기하거나 저축금액을 줄일 가능성이 크기 때문이다.

예를 들어, 장기주택마련저축의 경우 7년 비과세 상품이므로 7년짜리 목적자금 상품으로 생각할 수 있지만 7년이 지나면 이자소득 비과세가 된다는 것일 뿐, 중도에 해지해도 원금 손실이 없기 때문에 7년 동안 고정적인 저축을 유지하는 것이 쉽지 않고 따라서 중장기 목적자금 상품으로는 부적합하다. 실제로 장기주택마련저축에 가입한 고객 대부분이 중도에 해지하거나, 납입 금액을 줄이는 등 7년간 지속적으로 저축을 유지하는 사람을 찾아보기 어렵다.

② 중기 목적자금 (3년이상) – 수익성 제고

중기 목적자금은 3년 이상의 투자 기간을 가진 목적자금이다.

Ex. 3년 후 주택마련자금, 5년 후 자녀유학자금 등

중기 이상의 목적자금은 안정성 중심의 단기 목적자금과 달리 수익성이 중요

시된다. 물가상승률을 초과하는 수익률을 달성해야 하기 때문이다. 최근과 같은 저금리 고물가 시대에 안정성 위주의 투자를 계속하면 장기적으로 물가상승에 따른 화폐가치의 하락을 보전하지 못해 실질적으로 손실을 보게 된다. 따라서 중기 목적자금의 투자는 원금손실의 위험을 다소 감수하더라도 기대수익률을 높일 수 있는 금융상품에 투자하는 것이 합리적이다.

수익성 상품이 가지고 있는 위험을 줄이기 위해 최소 3년 이상의 투자기간을 확보해야 한다. 3년이라는 시간은 경기 순환 주기와 밀접한 관련이 있다. 수익성 상품은 시장의 변동에 따라 수익과 손실이 수시로 반복되지만 경기가 2~3년을 주기로 순환하므로 현재 손실이 발생했다 해도 경기순환에 따라 일정 시간이 지나면 손실을 만회할 수 있기 때문이다. 선진적인 투자문화가 정착할수록 경기 순환 주기가 짧아지고 변동폭도 줄어들게 되므로 3년 이상의 투자기간을 확보한다면 훨씬 안정적인 상황에서 기대수익을 높일 수 있을 것이다.

또한 적립식으로 투자하게 되면 투자시점이 분산되므로 비용평균(Cost Average) 효과에 의해 변동의 위험을 더더욱 완화시킬 수 있다. 실제로 지난 기간 수년간 적립식 투자를 해 본 결과, 주가가 급등락하는 상황에서도 상대적으로 훨씬 안정적인 투자 방법이라는 것이 검증되었다.

다만 한가지 유의할 점은, 3년 이상의 중기 목적자금 투자라 할지라도 일정한 기간이 경과하여 투자 종료 시점이 가까워지면 적절한 시기에 단기 운용방식으로 바꿔 주어야 한다는 것이다. 예를 들어, 5년 기간의 목적자금을 준비하는 경우 가입 시점에서는 5년의 기간을 가진 중기 투자였지만 이후 4년이 지나고 나면 투자 종료 시점까지 1년밖에 남지 않는다. 이 때에도 위험성 있는 중기 투자 방법을 유지한다는 것은 바람직하지 않다. 따라서 투자 종료 시점이 다가올수록 안정적인 운용 상품으로 전환하거나 분할 내도 방식을 통해 순차적으로 현금화해 나가는 방법을 고려해야 한다.

중기목적자금에 적합한 금융상품으로는 주식과 채권 등에 투자하는 펀드 상품이 좋다. 다만 남들이 많이 가입하는 인기 펀드를 무조건적으로 추천하는 것보다는 펀드의 투자 대상 및 운용 철학 등을 꼼꼼히 따져보고 선택하여야 한다.

특히 인기 펀드의 경우 다른 펀드에 비해 높은 수익을 내는 경우가 많은데, 시장이 좋을 때 높은 수익을 내는 펀드는 좋은 펀드라기보다는 공격적인 펀드이다. 그런데 시장 평균수익률 대비 높은 수익을 올리기 위해 공격적으로 운용하다 보면 위험도 덩달아 커지게 된다. 공격적인 펀드는 오를 때는 더 많이 오르지만 떨어질 때는 더 많이 떨어지므로 섣부르게 투자하기보다는 철저한 검증을 통해 신중하게 추천하여야 한다.

또한 한번에 너무 많은 펀드를 추천하는 것도 바람직하지 않다. 분산투자를 목적으로 여러 개의 펀드를 추천하는 경우가 있는데, 펀드 자체에서 이미 분산투자를 실시하고 있으므로 펀드를 많이 가입한다고 해서 분산효과가 커지지는 않는다. 더군다나 펀드 개수가 많아질 경우 나중에 관리상의 어려움이 발생하게 된다. 따라서 상관관계가 적은 3~5개의 펀드를 중심으로 고객의 상황에 맞춰 적절히 추천하는 것이 바람직하다.

③ 장기 목적자금 (10년이상) - 비용 절감

장기 목적자금은 최소 10년 이상의 기간을 가진 목적자금이다.

Ex. 10년 후 사업자금, 15년 후 자녀 대학교육자금 등

장기 목적자금 역시 가장 중요한 것은 바로 수익성이다. 물가상승률 이상의 수익을 올리지 않으면 장기로 갈수록 더더욱 큰 손실이 발생하게 된다.

그런데 중기 투자의 수익성과 장기 투자의 수익성은 그 원천이 다르다. 중기 투자에서는 수익률을 잘 내는 것이 가장 핵심이다. 따라서 수익률을 잘 낼 수 있는 투자 상품을 고르는 것이 중요하다.

그러나 10년 이상의 장기 투자를 하게 되면 수익률을 잘 내는 것이 큰 의미가 없어진다. 단기적으로 보면 상품별 내용과 운용방식에 따라 수익률이 좋은 것도 있고 나쁜 것도 있겠지만 장기적으로 보면 수익률은 거의 비슷한 수준으로 수렴하게 되어서 상품별로 큰 차이가 없어지기 때문이다. 오히려 수익은 비슷한데 각종 비용이 크다면 애써서 만든 수익의 대부분을 비용으로 지출해야 하는 위험이 커진다.

장기 투자에 있어서 수익률의 원천은 수익성보다는 비용절감에서 결정된다. 어떤 상품이 높은 수익을 냈는가 보다는 어떤 상품이 비용이 적은가에 따라 수익률이 결정될 가능성이 높다. 따라서 장기 목적자금의 투자방법에 있어서는 수익률에 앞서 비용절감에 대한 검토가 선행되어야 한다.

이러한 이유로 인해 장기 목적자금에 적합한 금융상품으로는 생명보험사의 변액보험이 가장 적절한 상품으로 추천되고 있다. 어느 정도의 투자 기간이 적절한지에 대해서는 개별 상품의 특징과 수익률에 따라 다소 차이가 있겠지만 투자기간이 길어질수록, 수익률이 높아질수록 변액보험이 비용 측면에서 유리해지는 것을 알 수 있다. 따라서 10년 이상의 목적자금이면 변액보험을 추천하는데 큰 무리가 없을 것이다.

한편에서는 변액보험의 사업비 부과 규모 및 방식에 대해 문제점을 제기하기도 한다. 초기에 사업비를 부과하기 때문에 조기 해약 시 납입원금조차 돌려받지 못한다는 것이다. 그런데 이것은 반대로 생각해 보면 아주 큰 장점이다. 중도에 해약하면 손해보기 때문에 결국 어쩔 수 없이 장기간 유지하게 되고 결과적으로 더 큰 목돈으로 돌아오게 된다. 실제 상담 사례에서도 수익을 많이 낸 상품은 중도에 소비 목적으로 다 사라지지만 다소 불리한 듯한 보험상품이 결국 살아남아서 노후에 효자 노릇을 하는 경우가 적지 않다.

④ 노후자금

노후자금은 생애 목적자금 중 가장 장기적으로 준비하는 자금이다. 기간으로만 보면 위의 장기 목적자금 운용방식과 유사하지만 자금의 성격이 일반적인 목적자금과는 다르므로 별도로 분리하여 투자방법을 결정하여야 한다.

일반적인 목적자금은 일시금으로 필요하거나 또는 몇 차례에 걸쳐 필요하게 된다. 그러나 노후준비는 목돈이 필요한 것이 아니라 남은 평생 동안 매달 매달의 생활비가 필요한 것이다. 밥그릇을 준비하는 것이 아니라 죽는 그날까지 매일 먹을 밥을 준비해야 하는 것이다. 결국 투자기간은 평생이며 따라서 평생 동안 매달 꾸준히 발생하는 소득을 준비하는 것이 가장 중요하다.

노후자금 준비에 적절한 상품으로는 재론의 여지없이 연금이 필수적이다. 모든 노후자금을 연금으로만 준비해서는 안되지만 기초적인 생활, 즉 의식주를 위한 자금은 반드시 매달 지급되는 연금으로 준비해야 한다.

종신형 연금과 확정형 연금에 대해서도 검토해야 한다. 수명을 예측할 수 없는 고령화 시대에 평생토록 지급되는 종신형 연금에 대한 준비가 우선적이다. 그러나 종신형 연금은 회당 지급액이 적으므로 돈이 많이 필요할 것으로 예상되는 은퇴 직후 몇 년 동안은 확정형 연금이 준비되어 있는 것이 좋다.

기초적인 생계가 걱정되는 노후에는 장식장에 갇혀서 보기에만 좋은 황금거위는 필요 없다. 지저분한 축사에 있더라도 매일 황금알을 낳아주는 거위가 정말 소중해진다.

이상의 자산 배분 내용을 표로 요약하면 다음과 같다.

구 분	투자기간	핵심 검토 사항	추천 상품군	적정비중
단기목적, 비상자금	3년 이내	안정성, 유동성	은행 예적금, CMA	10~20%
중기 목적자금	3~10년	수익성, 물가상승률	주식/채권형 펀드	30~50%
장기 목적자금	10년 이상	수수료 등 비용	변액보험	20~40%
노후 자금	평생	지속적인 수입	연금	20~40%

❷ 수익성에 따른 배분

수익성에 따른 자산 배분은 일차적으로 안정성과 수익성을 구분하고 이차적으로 수익성 자산 내에서 위험을 관리하기 위해 배분하는 과정이다.

① 안정성 자산과 수익성 자산의 배분

수익성 자산 비중 = 100 − 연령

안정성 자산이란 원금손실의 위험이 없이 일정한 수익을 얻을 수 있는 자산을 말한다. 일반적으로 은행의 예적금 상품이 이에 해당한다. 반면 수익성자산은 높은 투자 수익을 얻을 수 있는 기회와 원금을 잃을 수 있는 위험이 공존하는 자산을 말한다. 저금리, 고물가 시대를 맞아 재무설계사는 고객 자산의 기대수익률을 높이기 위해 자산의 일정 부분을 수익성 자산에 배분할 필요가 있다.

적정 배분 기준은 재무설계사에 따라 차이가 있으나 일반적으로 〈100−연령〉% 기준을 적용한다. 30세인 사람은 전체 투자 비중의 70% 정도를 주식 등의 수익성 자산에 투자하고 60세인 사람은 투자 비중을 낮추어 40% 정도만 수익성 자산에 투자하는 것을 권장한다.

젊은 시절은 자산을 형성하는 과정이므로 투자 금액이 크지 않고 투자 기간이 여유가 있다. 따라서 다소 공격적인 투자를 추천한다. 반면 나이가 들어갈수록 투자기간은 줄어드는 반면 자산의 규모가 커지므로 보수적인 투자를 추천한다.

따라서 재무설계사는 재무목표 각각의 포트폴리오를 구성하면서 고객의 상황에 맞추어 안정과 수익의 비중을 적절히 배분하여야 한다. 더불어 개별 상품 뿐만 아니라 종합적인 관점에서 고객의 자산이 어느 정도의 비율로 배분되어 있는지도 점검해야 한다.

② 수익성 자산 내에서의 배분

핵심자산 : 위성자산 = 60~70% : 30~40%

안정성 자산은 위험이 없으며 상품 간의 수익 차이가 크지 않으므로 사실상 어떤 상품에 투자하나 크게 다르지 않다. 그러나 주식, 펀드 등의 수익성 자산은 위험을 가지고 있는 자산이고 그 위험의 크기가 상품에 따라 천차만별이므로 잘못 투자할 경우 엄청난 위험을 부담하게 된다. 따라서 수익성 자산 내에서 위험을 관리하기 위한 일정한 배분 작업이 반드시 필요하다.

수익성 자산은 위험의 정도에 따라 핵심 자산과 위성 자산으로 구분한다.

핵심 자산이란 고객 또는 재무설계사가 위험을 컨트롤하기 쉬운 자산을 말한다. 일반적으로 위험의 크기가 작은 안정적인 투자상품이 이에 해당하지만 꼭 그런 것만은 아니다. 미국이나 유럽선진국의 주식은 대한민국 주식에 비하면 훨씬 안정적이지만 한국 땅에 사는 우리가 매일 관리할 수 없으므로 엄밀한 의미에서 핵심자산이라 할 수 없다. 대한민국 땅에 살고 있는 대한민국 국민에게는 우리나라의 시장 흐름을 주도하고 쉽게 정보를 파악할 수 있는 국내 대형주나 대형주펀드들이 핵심 자산에 해당한다고 할 수 있다.

==위성 자산은 위험의 크기가 크고 잘 알려져 있지 않아서 위험을 컨트롤하기 어려운 자산을 말한다.== 중소형 종목이나 해외 펀드 등의 자산이 이에 해당한다. 예를 들어, 중국 펀드의 경우 선진국 펀드에 비해 변동폭이 크고 해외 시장이라서 관리하기가 쉽지 않으므로 위성 자산으로 분류하여야 한다.

그런데 같은 중국펀드라 할 지라도 중국 땅에 거주하는 중국인들에게는 자국 펀드이다. 따라서 그들은 중국펀드를 핵심 자산으로 분류할 것이다. 결국 핵심자산과 위성자산의 구분 여부는 단순히 안정성만으로 판단할 것이 아니라 그 자산에 투자하는 사람들의 생각이나 환경을 고려하여 판단하여야 한다.

핵심 자산과 위성자산의 배분 비율은 6:4 또는 7:3이 적절하다. 핵심 자산에 너무 많은 비중을 투자하면 기대 수익률이 낮아져서 초과 수익의 기회가 줄어들 것이고 반면 위성 자산에 너무 많은 비중을 투자하면 변동성이 심해져서 자칫 투자가 아닌 투기로 전락할 수 있다. 따라서 적절한 비중 내에서 고객의 자산을 배분하는 것이 중요하다.

"제가 매달 50만원 정도 원자재 펀드에 가입하려고 하는데요, 해도 될까요?"

라는 고객의 질문에 대해 어떻게 대답하는 것이 가장 올바른 답변일까?

아마도 적지 않은 금융인들이 해당 펀드를 분석하기 위해 각종 데이터를 수집하느라 바쁠 것이고 여기저기 전화해서 관련된 시장 전망을 파악하는데 여념이 없을 것이다. 그러나 재무설계사가 고객에게 해야 할 올바른 답변은 의외로 쉽고 간단하다.

"원자재 펀드는 관련 선문가가 아니면 시상의 변화를 알기 어렵습니다. 따라서 그때그때 컨트롤하기 어려우므로 위성펀드에 해당합니다. 현재 고객님께서 투자하고 계신 펀드 구성을 보면 위성 펀드의 비율이 40% 정도로 비중이 높습니다. 더 이상 위성펀드를 늘리게 되면 변동성이 증가하게 되어 위험이 커지게 됩니다. 따라서 원자재 펀드보다는 국내 대형주 펀드에 투자하셔서 자산 배분 비율을 적정 수준으로 유지하시는 것이 좋습니다."

펀드의 좋고 나쁨은 고객의 수익과는 큰 연관성이 없다. 아무리 좋은 펀드라 할 지라도 손실을 보는 사람이 있고 이익을 보는 사람이 있기 때문이다. 더 큰 문제는 고객의 상황에 있다. 따라서 펀드에 대한 정보를 파악하는 것보다 고객의 현재 투자상황이 어떤 상황인지를 파악하고 그에 맞는 투자 방법을 알려주는 것이 더 중요하다.

재무설계사는 큰 틀에서 자산 배분의 원칙을 지켜주는 사람이지 수익률을 올려주는 사람이 아니란 것을 다시 한 번 명심하자.

❸ 명의 구분

자산 배분 과정에서 재무설계사들이 간과하기 쉬운 것이 바로 명의를 구분하는 것이다. 재무 목표를 성공적으로 달성하기 위해 재무 목표의 대상에 맞춰 명의를 구분해 주는 것은 매우 중요하다. 남편의 자산은 남편 명의로, 부인의 자산은 부인 명의로, 자녀의 자산은 자녀 명의로 설계하는 것이다.

명의를 구분하게 되면 한 사람의 소유가 아닌 여러 사람의 소유로 분리되기 때문에 각종 비용과 세금을 줄일 수 있다는 장점이 있다. 하지만 명의 구분이 중요한 진짜 이유는 바로 투자의 목적을 명확히 하기 위해서이다.

예를 들어, 자녀 교육자금을 준비하면서 아버지의 명의로 가입한다면 시간이 지나면서 교육자금 목적은 퇴색되고 자칫 아버지의 비상자금이나 소비자금으로 사라질 가능성이 커질 것이다.

특히 연금 상품 가입시에는 명의 구분이 더더욱 중요하다. 남편이든 부인이든 아무나 가입해서 노후에 함께 쓰면 되지 굳이 명의를 구분할 필요가 있을까 생각하기 쉽지만 여러가지 측면에서 볼 때 명의는 반드시 구분되어야 한다.

우선 남녀의 평균 수명이 다르다. 따라서 평균수명이 짧은 남편 위주로 설계되어 있다면 남편이 사망하고 나면 부인은 노후대책이 사라지게 된다. 또한 과거와 달리 요즘은 노인들도 각자의 독립된 활동을 추구하길 원하며 이러한 추세는 점점 보편화되고 있다. 따라서 물리적인 활동뿐만 아니라 재정적으로도 어느 정도 독립되어 있는 것이 고령화 시대에 행복한 노후를 보장하는 기반이 된다. 더불어 이혼, 사별, 질병 등 예기치 못한 상황에 대비하기 위해서도 명의를 구분하는 것은 필수적인 작업이다.

따라서 재무설계사는 고객의 자산을 배분하면서 목적을 명확히 함과 동시에 목적에 해당하는 명의로 설계될 수 있도록 신중히 검토하여야 한다.

STEP6 모니터링

모니터링은 고객이 실행하고 있는 재무 포트폴리오를 지속적으로 점검함으로써 재무목표를 효과적으로 달성할 수 있도록 지원하는 과정이다.

경제 상황은 수시로 급변하고 그에 따라 개인의 재무상황 또한 변하게 된다. 재무설계를 시작하던 당시에는 잘 설계된 재무 포트폴리오였다 하더라도 시간이 지나면서 문제가 발생할 수 있고 대세적인 시장의 변화를 무시한다면 재무적으로 위기에 봉착할 수 있다. 따라서 이를 정기적으로 파악하고 점검하는 과정이 필요하다.

재무설계라는 개념이 국내에 도입된 지 얼마 되지 않았으므로 현재까지는 모니터링과 관련된 사례와 충분한 경험이 쌓여 있지 않은 상태이다. 따라서 본 교재에서는 모니터링의 방법과 형식에 대한 기초적인 내용만을 기술하였다. 그렇다고 해서 모니터링이 중요하지 않은 것은 아니며 시간이 경과하여 관련된 많은 경험이 축적되면 조만간 다양한 성공 사례들이 공유되리라 기대한다.

모니터링의 내용

　　　　　모니터링의 근본적인 틀은 재무설계를 시작했을 때와 크게 다르지 않다. 기존과는 다른 새로운 무언가를 하는 절차가 아니라 처음 재무설계 상담시 고객의 재무상태를 종합적으로 점검했던 것처럼 주기적으로 고객의 재무상태가 정상적으로 운영되는지 점검하는 것이다. 모니터링의 순서와 내용은 다음과 같다.

① 지난 기간 동안 경제 상황의 이슈에 대해 간단히 점검하고 실행 중인 포트폴리오의 현재 상황과 목표 달성 현황을 평가 보고서(첨부 참조)를 통해 고객에게 보고한다.
② 초기에 수집되었던 자료를 바탕으로 고객의 자료를 재수집하면서 지난 기간 동안 고객의 재무목표 및 재무상태와 현금흐름에 변화가 있었는지 점검

한다.

③ 상기 내용을 종합하여 모니터링 시점의 고객의 재무상태표를 재작성하고 이전 상담시의 재무상태표와 비교하여 순자산의 증가 여부를 확인한다.

④ 재무목표를 달성하기 위해 추가적인 실행 여력이 있는지, 기존 포트폴리오의 리모델링이 필요한지 확인하고 이를 실행한다.

모니터링의 주기는 1~2년이 적절하다. 고객 자산의 변화에 대해 너무 빈번하게 모니터링을 하면 고객이 시장의 변화에 민감하게 되어 자칫 투자를 지속하기 어렵게 될 수 있다. 따라서 1~2년 정도의 일정한 주기를 두고 모니터링을 하는 것이 좋다.

재무목표 만기 시점이 다가오면 모니터링의 주기를 줄일 필요가 있다. 1년 후에 재무목표 만기가 도래한다면 3~6개월 단위로 점검하여 고객이 재무목표를 효과적으로 준비할 수 있도록 지원하여야 할 것이다.

모니터링 시 유의사항

① 수익률 결과보다는 재무목표 진행상황을 체크한다.

모니터링은 고객의 재무목표가 어느 정도 달성되고 있는지를 점검하는 자리이다. 목표 달성을 위해 자산이 어느 정도의 투자 수익을 올렸는지를 파악하는 것은 중요하지만 수익률 자체를 가지고 고객과 논쟁하는 것은 바람직하지 않다.

재무설계사가 향후 10년간 연평균 8% 정도의 수익률을 가정하여 재무설계를 했을 경우 그것이 매년 8% 이상의 수익을 무조건 달성한다는 것을 의미하는 것은 아니다. 달성한 해도 있고 그렇지 못한 해도 있을 수 있다. 수익률은 장기적인 관점에서 파악하는 것이지 단기적으로 성패를 논해서는 안 된다. 따라서 모니터링 시 수익률에 대해 고객과 논쟁하지 않도록 한다.

② 차트 관리를 통해 고객의 재무설계 이력을 종합적으로 관리한다.

재무설계는 한두 가지의 상품을 가입시키는 것이 아니라 고객의 자산을 종합적으로 관리하는 것이므로 재무설계를 실행한 고객은 자산의 대부분을 재무설계사에게 위탁하게 된다. 따라서 재무설계사는 고객과의 상담을 통해 수집한 내용과 실행 중인 재무포트폴리오에 대해 명확하게 파악하고 있어야 한다.

그런데 수많은 고객을 상담하고 수많은 고객의 자료를 받는 과정에서 고객의 자료를 별도로 관리하지 않으면 고객에게 정확한 모니터링 서비스를 제공하기 어렵다. 따라서 고객별로 자료를 관리하는 Chart가 반드시 필요하다. 차트를 통해 고객과 관련된 모든 내용과 상담 이력을 종합 관리하여야 한다.

차트에는 초회면담시 고객으로부터 수집한 FF자료, 고객에게 제안한 재무설계보고서 및 고객이 가입한 상품의 가입설계서 사본 등이 보관되어야 한다. 또한 중간중간 고객과 통화한 내용들을 정리해 놓는다면 모니터링 시 고객과의 대화가 더욱 친밀하게 진행될 수 있을 것이다.

재무설계를 실행하고 나면 고객들이 중간중간 재무설계사에게 전화를 걸어서 투자에 관한 질문을 하게 된다.

"제가 돈이 좀 생겨서 투자를 늘리려고 하는데 어떻게 해야 할까요?"

그 때 이렇게 대답할 수 있어야 한다.

"전화 주셔서 감사합니다. 고객님의 투자 방향에 대해서 말씀 드리기 전에 먼저 기존의 투자 상태를 살펴봐야 할 것 같습니다. 기존의 투자가 너무 공격적이라면 보수적으로 하셔야 할 것이고 반대의 경우라면 공격적으로 하셔도 되기 때문입니다.

제가 고객님의 재무설계 차트를 찾아서 점검해 보고 잠시 후에 전화드려도 되겠습니까?"

③ 모니터링의 궁극적인 목적은 신뢰의 지속이다.

모니터링의 일차적인 목적은 수치적인 점검이지만 사실상 더욱 중요한 것은 바로 고객과의 신뢰를 지속해 나가는 것이다.

재무설계를 통해 일정한 목표를 향해 나아가고 있는 고객이 진정으로 원하는 것은 수치적인 분석보다는 심리적인 안정과 만족감일 것이다. 수익률이 좀 부진하고, 포트폴리오에 약간의 문제가 있더라도 재무설계사가 지속적으로 관심을 가져 준다면 고객은 더 큰 만족을 느낄 수 있다.

이를 통해 재무목표의 달성에 보다 더 가까워지게 될 것이고, 재무설계사 역시 고객의 지인들을 소개받음으로써 신규 고객을 확보하는 데에도 큰 도움이 될 것이다.

따라서 모니터링을 통해 재무설계사가 항상 곁에서 도와주고 있다는 사실을 알리는 것만으로도 모니터링의 효과는 충분하다.

[투자 평가 보고서 양식] 193p 참조

투자 평가 보고서

고객명:
평가일시:

KOSPI:
KOSDAQ:
DOW:
USD:
JPY(100):

(단위: 원)

평가시점	상 품 명	운용사	월 납입액 (만원)	경과기간	투자원금	출금누계	평가금액	수 익 금	누적 수익률	연환산 수익률	비 고
합 계											

* 평가보고서는 3개월을 주기로 발송됩니다.
* 툴 작업병의 경우 자동이체가 잘 되고 있는지 정기적으로 확인 바랍니다.
* 선취수수료상품(변액유니버셜보험,변액연금등)의 경우 펀드)의 경우 초기에 수수료를 先공제하므로 수익이 발생한 경우에도 원금 이하로 표시될 수 있습니다.

OOO Financial Planner
010-1234-5678 , abc@defg.co.kr

3장

재무설계 실전 POWER 스크립트

고객 상담 **실전 사례**

　　　　　　　이번 장에서는 필자가 SBS-CNBC에서 시청자
재무상담 코너에 출연하여 상담했던 내용을 정리하였다. 실제 고객들이 질문한 내
용이므로 현장에서 상담하는 재무설계사들도 비슷한 질문을 많이 받을 것이다. 이
하의 내용을 숙지한다면 상담에 큰 도움이 되리라 생각한다.

저희 회사가 상반기 실적이 좋아서 이번 달에 보너스가 500만원 정도 나올 예정인데,

대출을 먼저 갚는 게 좋을까요? 아니면 펀드나 주식에 투자하는 게 좋을까요?

총 대출금액이 얼마시죠?

전체 자산 중 대출이 차지하는 비중이 어떻게 되나요?

매달 얼마 정도를 상환하고 계십니까?

대출을 갚을 것인가 투자를 할 것인가를 결정할 때 우선적으로 고려해야 하는 것은 대출금액이 고객님께 어느 정도 부담이 되는가 입니다.

수익률만을 비교하면, 대출이자율이 5% 안팎이고 펀드에 투자하는 기대수익률이 10% 정도되기 때문에 돈을 빌려서라도 투자를 하는 것이 유리해 보입니다. 그러나 펀드 기대수익률은 어디까지나 예상 수익률이므로 확실하게 보장되는 것이 아닙니다.

또한 대출금액으로 투자를 한다는 것은 내 돈으로 하는 것이 아니라 남의 돈으로 하는 것입니다. 더군다나 대출금액에 부담을 느끼는 상황에서 무리하게 투자하면 투자의 결과에 따라 일희일비하게 되어 손실의 가능성이 더욱 커지게 됩니다.

일반적으로 수익률만 비교하셔서 대출이자율이 낮은 경우 펀드에 투자해서 돈 벌어서 갚으면 된다고 생각하시지만 이는 잘못된 생각입니다.

대출 금액이 과다하고 매달 상환에 부담을 느끼시고 있다면 대출을 우선 상환하시는 것이 바람직합니다. 적정 대출 비중은 총자산의 30%이내, 매달 대출상환금액이 총소득의 30%이내로 줄이시는 것이 바람직합니다.

2007년도에 브릭스 펀드에 가입해서 1년정도 붓다가 2008년 말에 주가가 많이 빠져
서 납입을 중지했었는데 해지할까요? 아니면 다시 불입을 할까요?

주가가 좋았을 때 시작하셔서 안 좋았을 때 중단하셨군요.

투자나 장사나 마찬가지로 돈 버는 방법은 싸게 사서 비싸게 파는 것입니다.
그런데 지금 상황은 비싸게 사서 싸게 파신 경우입니다. 만약 2008년 말에 중단
하지 않고 계속 납입을 하셨다면 그때 싼 값에 투자된 금액이 지금 더 많은 수익
을 냈을 겁니다.

브릭스 펀드는 신흥시장 펀드이므로 일단 국내 펀드에 비해 변동성이나 위험
이 더 큽니다. 반면에 장기적인 관점에서는 성장성이 높은 시장이므로 큰 수익을
가져다 줄 수도 있습니다. 문제는 최소 5년 이상 장기적으로 투자해야 할 시장에
너무 단기적인 안목으로 투자하셨다는 겁니다.

향후 시장이 좋아질지 나빠질지 알 수는 없지만 앞으로 1년 이내에 자금이 필
요하다면 주가의 예측에 관계없이 매도하셔서 CMA나 정기예금을 통해 안정적
인 이자를 받으시는 것이 좋습니다.

반면 3~5년 이상 장기적인 관점에서 자금의 여유가 있으시다면 지속적으로
불입하시는 것이 좋습니다. 그리고 이번 계기를 거울삼아 과거처럼 분위기 좋을
때 가입하고 주가가 떨어져서 불안할 때 중단하는 투자는 삼가시기를 바랍니다.

2007년 차이나펀드 2개를 들어갔는데 지금까지 25%, 35% 손실을 보고 있습니다. 지금이라도 환매를 할지 더 지켜봐야 할지 고민입니다.

세계 경기가 회복 중이긴 하지만 신흥시장의 회복세가 더디고 시장이 불안해질 경우 신흥시장은 다시 한 번 큰 폭의 조정을 받을 수도 있습니다. 따라서 시장을 예측하는 것보다 기본적인 투자 원칙을 잘 지키고 있는지 점검해 보시는 것이 좋습니다.

총 투자금액 중 차이나 펀드 투자 비중이 어느 정도인가요?

중국 등의 해외 시장은 우리나라의 투자자들이 시장의 변동에 즉각 대응한다거나 컨트롤하기 어려운 시장입니다. 높은 수익률을 기대할 수도 있지만 반면 하락폭도 큰 시장입니다. 따라서 전체 투자 금액 중 30~40% 이내에서 투자하는 것이 바람직합니다.

투자 기간은 어느 정도인가요?

신흥시장은 경기순환주기가 길기 때문에 회복되는 시간도 깁니다. 하지만 그만큼 회복되는 폭도 커질 수 있습니다. 따라서 장기적인 관점에서 최소 5년 이상 투자하신다면 분명히 높은 수익을 실현하실 수 있을 겁니다.

50세 여성입니다. 2007년 펀드를 처음 시작할 때 1,000만원으로 수익이 잘 나서 펀드를 믿게 되었어요. 증권사 직원이 추천하는 펀드는 모두 든 것 같습니다. 업종대표, 인프라, 중국, 동유럽, 친디아 등 모두 마이너스이고 디스커버리만 상승이네요. 어떻게 해야 할까요?

먼저 펀드의 배분을 점검해 보셔야 합니다.

펀드의 구성을 보면 표면적으로는 많은 나라에 분산투자하신 것 같지만 실제로는 국내펀드에 비해 위험이 큰 신흥시장에 대부분 투자되어 있습니다. 따라서 해외펀드의 비중을 줄이고 국내펀드의 비중을 늘리시는 것이 바람직합니다.

현재 국내펀드의 실적이 좋아서 비중을 늘리는 것이 아니라 펀드 분산 원칙을 지키기 위해 그렇습니다. 적정 비율은 국내펀드 70%, 해외펀드 30% 정도가 적절합니다.

둘째로, 현재 가입 중이신 펀드의 개수가 너무 많습니다.

시장이 글로벌화 되면서 대부분 국가의 주식시장 흐름이 거의 비슷하게 움직입니다. 상관계수가 1에 가깝다는 것인데, 그게 그거라는 말입니다. 상관계수가 1인 펀드를 다양하게 가입해 봤자 분산의 효과는 거의 없습니다. 오히려 펀드 개수가 많아지면서 관리의 어려움만 가중됩니다.

셋째로, 고객님의 연령대에 비해 투자 비중이 너무 높습니다.

적정한 수익성 자산 투자 비율은 〈100 − 연령〉% 입니다. 젊은 사람일수록 수익성자산 투자비율을 높게 가져가고 나이가 들면서 점차 줄여가는 것이 바람직합니다.

현재 연령이 50세이시므로 펀드 투자 비중을 50% 이내로 낮추시고 나머지는 안전한 자산에 예치하는 것이 좋습니다.

해외 펀드에 투자하려고 하는데 투자 수익이 나도 환율 때문에 손실을 볼 수가 있어

서 환헤지를 하려고 합니다. 환헤지를 하는 게 좋을까요? 하지 않는 게 좋을까요?

해외 시장에 투자하면서 환율변동에 따른 위험을 줄이기 위해 환헤지를 선택하는 경우가 종종 있습니다. 환헤지를 하면 헤지시점의 환율을 고정적으로 적용하므로 위험은 줄어듭니다. 그러나 한번더 생각해 보면 환헤지를 하는 것이 우스운 일이 될 수 있습니다.

해외 시장에 투자하는 이유는 투자한 나라가 발전해서 주가가 오르기를 바라면서 투자하는 것입니다. 그리고 그 나라가 성장하면 그 나라의 화폐가치도 상승하게 됩니다.

따라서 환헤지를 하지 않으면 성장에 따른 주가상승의 이익과 해당국가 화폐가치 상승의 이익을 동시에 얻게 됩니다.

환헤지를 하는 것은 해당국가의 상황이 나빠져서 화폐가치가 하락할 위험에 대비하는 것인데 그렇다면 그 나라에 투자를 하지 말아야죠. 한편으로는 좋아질 것이라고 투자하면서 한편으로는 떨어질 것을 걱정하는 것은 매우 아이러니한 일입니다.

투자의 위험이 걱정된다면 투자 금액을 낮추시고, 일단 투자하시기로 결정하셨다면 과감이 투자하시기 바랍니다. 환헤지를 하는 것은 롤러코스터를 눈감고 타는 것입니다. 롤러코스터를 타기 싫으면 안 타면 됩니다. 하지만 일단 탔다면 기왕 탄 김에 스릴을 만끽하며 재밌게 타야지, 눈감고 타면 정말 재미없습니다.

노후준비를 위해 한 달에 20만원씩 연금을 납입하고 있는데 이 금액으로 노후준비가

될까요? 그리고 30년 후에는 물가가 많이 오를텐데 이렇게 연금을 붓는 것이 큰 도움

이 안 될 것 같아요.

물가가 1년에 4%씩 오른다고 가정할 때 18년 후가 되면 물가가 2배로 오르게

되고 따라서 화폐 가치는 반토막이 나게 됩니다. 현재 시중은행 금리가 낮은 상태

이므로 안정적인 연금에만 저축하시게 되면 나중에 물가상승률을 따라가지 못할

가능성이 높습니다.

그렇다고 투자형 연금 상품이 무조건 좋은 것도 아닙니다. 투자수익률에 따라

수시로 변동되므로 손실의 위험이 함께 존재합니다.

따라서 고객님의 투자 성향과 전체 투자 비중을 감안하여 적절한 비중 내에서

안정형 연금과 투자형 연금에 배분하여 투자하신다면 안정성과 수익성을 동시에

달성할 수 있을 겁니다.

그리고 무엇보다 중요한 것은 포트폴리오가 정해졌다고 해서 그냥 30년간 내

버려 두는 것보다는 수시로 점검하고 모니터링하면서 조정할 사항은 없는지, 추

가적인 저축이 필요하지 않은지 정기적으로 점검하실 필요가 있습니다.

50대 후반의 여성입니다. 주식투자에 9,000만원, 펀드에 7,000만원 투자하고 있는데
수익이 잘 났습니다. 이제 주식을 팔고 다른데 투자를 했으면 합니다. 오피스텔을 사
서 월세를 받을까도 생각했는데 가격이 안 맞을 것 같고. 어떤 투자가 좋을까요? 필요
하다면 대출도 받을 생각이 있습니다.

50대 후반이시면 이제 은퇴를 앞둔 시점입니다. 이 때는 새로운 투자를 하는
것은 자제하셔야 합니다. 이제껏 해 보지 않은 일, 잘 모르는 분야에 투자하는 것
은 바람직하지 않습니다.

은퇴를 앞둔 상황에서는 다음과 같은 점에 유의해서 투자하시는 것이 좋습
니다.

첫째, 수익성보다 유동성이 더 중요합니다.

조금 더 높은 수익을 좇다가 그 돈을 평생 만져보지 못하는 경우가 빈번합니
다. 부동산에 투자하신다면 매매차익을 남기기보다는 매달 수입이 발생하는 수익
성 부동산에 투자하시기를 추천합니다. 특히 외진 곳, 싼 물건 보다는 돈을 조금
더 모아서라도 핵심 지역, 핵심 상권에 투자하셔야 합니다.

둘째, 대출을 받으실 경우 대출 비중은 총 투자금액의 30% 이내로 하시는 것
이 좋습니다.

그러나 고객님의 경우 은퇴를 앞두고 계시므로 대출 비중을 최대한 줄이는 것
이 좋습니다. 젊은 사람들은 소득도 있고 갚아나갈 시간도 있지만 은퇴 이후에 대
출을 상환하는 것은 매우 어렵습니다.

셋째, 한두 종류의 자산에 집중하기보다는 되도록 분산해서 투자하는 것이 좋
습니다.

지금처럼 1.6억을 전부 주식형 상품에 투자하고 있는 것은 바람직하지 않습니다. 다행히 수익이 발생했지만 실력이라고 생각하지 마시고 적절한 분산 투자를 통해 위험을 줄이시기 바랍니다.

곧 전역하는 아들 대학교 등록금 위해서 정기적금도 넣고 절반은 에너지 펀드로 넣었습니다. 에너지 펀드는 3학년 때 등록금으로 쓰려고 넣었는데 그때까지 가지고 가도 될까요?

원자재나 에너지는 매우 중요힌 기초 신업이므로 장기적으로 디디욱 중요해질 것입니다. 따라서 장기적으로 상승할 가능성은 매우 높지만 1~2년 사이에 급등하기는 쉽지 않으며 급등한다 해도 단기적인 등락을 거듭할 가능성이 높습니다. 따라서 전역이 얼마 남지 않은 아드님 등록금으로 사용하는 것은 바람직하지 않습니다.

또한 향후 전망이 좋다고 해도 지금 가입한 펀드의 운용 상황을 잘 살펴봐야 하는데 에너지 펀드의 대부분이 자산 규모가 10억 미만의 소형 펀드입니다. 보통 대형주 펀드, 차이나 펀드들의 운용자산이 1조를 넘는 것에 비한다면 너무 미미한 규모입니다. 운용규모가 너무 큰 것도 좋지 않지만 운용 규모가 너무 작으면 사실상 방치될 수 있습니다.

1년 내에 사용할 자금이라면 비교적 단기자금이므로 지금은 주식이나 펀드에 있어야 할 것이 아니라 안정적인 예적금 또는 CMA에 보관하는 것이 투자의 기본입니다.

변액 유니버셜보험에 5년째 납입하고 있습니다. 지금 해지하면 원금 정도를 환급받을 수 있는데 지금 해지해도 될까요?

변액유니버셜보험 상품의 목적은 일정한 사망보장과 더불어 장기 투자를 통해 목적자금을 마련하기 위한 상품입니다.

주식에 투자한다는 측면에서는 펀드와 비슷하지만, 증권사에서 판매하는 대부분의 펀드는 수수료를 추후에 공제하는 후취 수수료 구조인데 반해 변액유니버셜보험은 수수료를 초기에 공제하는 선취수수료 구조입니다.

후취수수료 구조는 초기에는 유리하지만 투자기간이 길어지면 수수료 비중이 늘어나게 되고 선취수수료는 시간이 지날수록 수수료 비중이 줄어들게 됩니다.

예를 들자면, 변액보험은 놀이공원의 자유이용권과 같은 상품입니다. 입장할 때 다소 비싼 금액을 지불해야 하지만 일단 입장하고 나면 하루종일 무제한으로 놀이공원을 이용할 수 있습니다. 자유이용권을 가지고 있으면서 고작 3~4개 타보고 나서 '본전은 뽑았겠지'라고 생각하며 집에 갈 생각을 한다면 처음부터 자유이용권을 구입하지 않았던 것이 낫습니다.

따라서 5년 정도 납입 중이라면 이미 비용을 많이 지불한 상태이므로 현재 환급금이 원금이 되거나 수익이 조금 났다고 해서 해지하시는 것은 바람직하지 않습니다. 해지하고 또 다른 것을 가입하게 되면 또다시 비용을 지불해야 합니다.

또한 10년 이상 유지하시면 이자소득이 비과세가 되어 비과세 통장으로 활용 가능하므로 납입에 무리가 없다면 10년 이상 지속적으로 납입하시는 것이 바람직합니다.

보험 해지시 고려해야 할 사항

• 납입한 지 오래된 것일수록 해약하지 말 것

• 원금이 초과된 것일수록 해약하지 말 것

• 구관이 명관, 오래된 상품을 새로운 상품으로 교체하는 것은 대부분 득보다 실이 많다.

• 불가피한 경우에 한하여 납입중단, 중도인출 기능을 활용할 것

• 보험을 가장 잘 활용하려면 만기까지 유지하는 것이 중요하다.

30대 초반 직장인인데요. 소득공제 받는 개인연금에 가입하려고 하는데 유의할 점이 없는지요?

소득공제를 받는 세제적격 연금저축상품의 종류는 연금신탁, 연금펀드, 연금보험 등의 상품이 있습니다.

소득공제 상품을 가입할 때는 상품을 선택하기 전에 소득공제의 효과가 어느 정도인지 먼저 확인해야 합니다. 소득공제를 받는 금액은 연간 400만원이지만 이로 인해 돌려받는 환급세액은 사람마다 다르기 때문입니다. 과세표준이 높으면 돌려받는 금액도 크지만 과세표준이 작으면 돌려받는 금액도 적어지게 됩니다.

따라서 고객님의 연봉과 과세표준을 확인하고 가입하시는 것이 좋습니다. 30대 초반의 사회초년생이시라면 환급액은 그리 크지 않을 것입니다.

더불어 지금은 세금을 환급받지만 향후 연금 수령시 연금소득세를 납부하셔야 한다는 점을 유의하시기 바랍니다.

연금저축 상품 중 어떤 상품을 선택할 것인지는 개인의 목적과 투자 성향을 감안하여 선택하시는 것이 좋습니다.

- **연금신탁** – 안정적으로 운용 가능하나 수익률이 다소 낮은 편.
- **연금펀드** – 공격적으로 운용하여 높은 수익이 가능하나 원금 손실 위험
- **연금보험** – 수익률은 높지 않으나 종신연금 수령 가능

목돈이 좀 생겼는데 예전 같으면 전세 끼고서라도 집이나 오피스텔을 사겠는데 요즘
부동산 가격이 불안해서요. 부동산에 투자하는 게 좋을까요? 아니면 주식이나 펀드에
투자하는 게 좋을까요?

과거에 부동산 가격이 급등했던 시대에는 무조건 부동산에 투자하는 것이 가장
좋은 투자방법이었습니다. 그러나 지금은 상황이 많이 바뀌었습니다. 부동산 가
격이 오른다 해도 과거처럼 연간 10~20% 이상의 고수익을 올리기 어렵습니다.

또한 가격이 상승한다 하더라도 은행 금리 이상으로 상승하지 못한다면 투자
가치가 없습니다. 따라서 이제는 종합적인 관점에서 다른 투자자산 대비 부동산
수익률이 더 나은 것인지 재무적인 비교 분석이 필요합니다.

첫번째, 안정적이고 확정적인 은행 예금 이자율보다 수익이 좋은 지 점검해야
합니다.

시중은행 정기예금 이자율이 연 4%라면 별 위험이 없이 얻을 수 있는 이자가
4%라는 말인데, 위험을 감수하면서 투자한 부동산의 수익률이 4%를 넘지 않는다
면 투자가치가 없는 것입니다.

두번째, 부동산 관련 세금입니다.

부동산에 투자하게 되면 세 가지의 세금이 발생하게 되는데, 살 때, 보유할 때,
팔 때 입니다. 살 때는 취득세와 등록세, 농특세와 교육세 등을 부담해야 하고, 보
유할 때는 재산세 또는 종부세를 내야 합니다. 또한 팔 때는 양도세, 상속세, 증여
세 등을 부담해야 합니다.

이러한 세금은 부동산에 투자함으로써 발생하는 비용이므로 부동산 투자 수익
이 각종 세금을 내고도 남는지 분석해봐야 합니다.

세번째, 각종 비용들이 발생합니다.

부동산을 거래할 때 중개수수료, 채권매입비용, 인지세 등등 각종 거래 비용이 발생합니다.

또한 대출을 받게 된다면 매달 상환해야 하는 대출이자 또한 무시 못할 비용입니다.

그리고 부동산을 관리하면서 유지 보수, 감가 상각 등 각종 비용이 발생합니다.

이와 더불어 무형의 비용이 발생하는데 이것은 실제로 돈이 지출되지는 않는 것 같지만 내가 모르는 사이에 엄청난 비용이 나갈 수 있습니다. 무형의 비용으로는 경제상황의 변동, 경기변동에 따른 상권의 변동, 각종 관리에 따른 스트레스 등입니다.

위의 세 가지 상황들을 다 감안하고도 그 이상의 수익이 발생한다는 확신이 있을 때 투자를 하는 것이 바람직합니다. 과거 부동산 불패 신화만 믿고 무작정 투자하시는 분들이 많은데, 이제는 시대가 바뀌었습니다. 부동산 투자도 보다 더 신중한 검토와 분석을 바탕으로 이루어져야 합니다.

변액종신보험에 5년 정도 납입 중인데 보험료가 좀 부담스럽습니다. 어떻게 하는게 좋을까요?

우선, 사망보장금액에 대한 점검이 필요합니다.

종신보험은 사망보장이 주된 보험이므로 종신 사망보장 금액이 높을수록 보험료가 비싸집니다. 보장을 많이 받는 것은 좋지만 고객님의 재무상황 대비 터무니없이 많은 보장이 되어 있다면 일부 조정하실 필요가 있습니다.

사망 보장을 조정하시려면 젊은 시기의 사망보장금액은 유지하고, 노후의 사망보장금액을 적게 조정하는 것이 합리적입니다. 은퇴 이후보다 젊을 때 가장으로서 책임이 크기 때문입니다. 또한 무작정 보험료를 줄이다 보면 사망보장이 따라서 줄어들게 되므로 현재 가입되어 있는 보장이 어떻게 설계되었는지 확인해 보신 후 신중히 조정하셔야 합니다.

변액종신보험은 보장금액을 높이기 위해 납입보험료 중 주계약 보험료의 일부를 펀드에 투자하는 상품입니다. 그런데 일부만 투자하다보니 전체 납입보험료 대비 실제 투자 비중은 그리 높지 않으며 사망보장금액도 크게 높아지지 않습니다. 보장금액을 높이기 원한다면 매달 납입하는 보험료를 조금씩 늘려가는 것이 더 바람직합니다.

전체적으로 보았을 때, 보장성 보험의 보험료가 월소득의 10% 이내이고 큰 부담이 안 된다면 유지하는 것이 바람직합니다. 기존 상품이 새 상품보다 예정이율이나 보장 내용 면에서 유리한 것이 더 많고, 해지 후 재가입하게 되면 사업비 부담 및 건강검진 등의 문제로 인해 불리해지기 때문입니다. 정말 부담스러우시다면 보험금의 일부를 줄여서 보험료를 낮추는 감액제도를 활용하시는 것이 낫습니다. 다만, 감액되는 부분은 일부 해약이라는 점을 유의하셔야 합니다.

재무설계 상담 시
유용한 **POWER** 스크립트

재무설계 상담을 하다 보면 일반 고객들이 이해하기 어려운 전문적인 부분들이 있다. 매일같이 상담을 하는 재무설계사에게는 익숙하겠지만 그 내용을 처음 접하는 고객들은 이해하기가 쉽지 않다. 더군다나 그 내용을 복잡한 원문 그대로 고객에게 설명한다면 더더욱 이해도가 떨어질 것이다.

훌륭한 상담사는 어렵게 배운 내용을 복잡하게 설명하는 사람이 아니라 초등학생도 이해하기 쉽게 설명하는 사람이다. 이 때 효과적인 스킬이 바로 비유와 예화, 즉 Story-telling이다.

이번 장에는 고객과의 상담 시 유용하게 쓰일 수 있는 Story-telling 스크립트를 수록하였다. 잘 활용한다면 고객의 이해도를 높이는 데 매우 효과적일 것이다.

▮ 누가 더 많은 나무를 베었을까?

어느 시골 마을에서 나무베기 시합이 벌어졌습니다.

동네 장정들이 모두 참가해서 아침부터 저녁까지 하루 종일 나무를 베었습니다.

그런데 그 중 정말 도끼질을 잘 해서 눈에 띄는 두 장정이 있었는데,

첫번째 장정은 하루 종일 쉬지 않고 계속 도끼질을 하면서 나무를 베었습니다.

두번째 장정은 50분간 도끼질을 하고 10분간은 쉬면서 나무를 베었습니다.

하루가 다 지났을 때 누가 더 나무를 많이 베었을까요?

10분씩 쉬었던 두번째 장정이 더 많은 나무를 베었다는 겁니다.

미련하게 하루 종일 나무를 벤 것보다 10분간의 휴식이 더 큰 효과를 가져온 겁니다.

그런데 막상 시상식을 해 보니 둘 다 1등을 하지 못했고 1등은 다른 장정이 차지했습니다.

어떻게 나무를 벤 장정이었을까요?

1등을 한 장정은 40분 나무를 베고, 10분 쉬고, 10분은 도끼 날을 갈았다고 합니다.

고객님께서는 일을 하시느라 하루종일 바쁘실 겁니다. 그렇지만 쉬지 않고 일만 하는 것보다 때로는 쉬면서 자신을 돌아보고 가족과 함께 시간을 보내는 것이 삶에 더 큰 활력소가 되기도 합니다. 그리고 조금 더 시간을 내서서 지금의 행복뿐만 아니라 미래의 행복을 준비하실 시간을 가지신다면 아마도 사장님의 인생은 지금보다 더 값지고 아름다운 인생이 되실 겁니다.

저와 상담하는 이 시간이 사장님께 도끼 날을 가는 시간이 된다면 지금 20~30분이 나중에 고객님께 20~30억을 벌어드릴 수 있는 시간이 되실 겁니다.

▌ 통장 분리하기

고객님이 사시는 아파트 관리실에서 하루는 다음과 같은 방송이 흘러나옵니다.

"내일부터 3일간 단수가 되오니 각 가정에서는 필요한 만큼 물을 받아두시기 바랍니다."

이 방송을 듣게 되면 어떻게 하시겠습니까?

당연히 물을 받아 놓겠죠. 어디다 받아 놓을까요?

A라는 주부와 B라는 주부가 있습니다. A 주부는 우리가 일상적으로 하듯이 목욕탕에다 물을 받아 놓습니다. 반면 B 주부는 동일한 양이지만 각각 대야를 나누어 밥할 물, 설거지할 물, 씻을 물, 청소할 물 등 사용 용도에 따라서 나누어 놓습니다.

과연 누가 물을 더 오래 쓸 수 있을까요?

아마도 A 주부의 가정은 초반에 설거지 양이 많아지거나 샤워하면서 물을 많이 쓰게 되면 나중에는 물 조절을 하기 위해 힘든 하루를 보내야 할 겁니다. 반면 초반에 아껴 쓰다가 물이 많이 남게 되면 나중에는 펑펑 쓰게 될 것입니다.

그러나 B 주부의 가정은 다릅니다. 처음부터 용도별로 필요한 만큼의 물을 받아 놓았으므로 크게 모자라거나 남지 않을 테고, 설사 조금 모자란다 해도 다른 용도의 물을 조절해 가면서 효율적으로 생활할 수 있습니다.

통장 관리도 마찬가지입니다. 한 통장에서 모든 것을 해결하려고 하면 무엇이 어디로 나가는지 구분이 되지 않습니다. 이 경우 자칫 소비가 무계획적이 되기 쉽고 월말이 되어 자금이 남기라도 하면 저축으로 가기보다는 계획에 없던 소비를 하게 됩니다.

따라서 한 통장으로 급여입금, 현금카드, 신용카드, 적금, 보험 등등, 이렇게 많은 것을 해결하는 것은 효율적이지 못합니다. 자금의 사용 용도에 따라 통장을 구분하여 관리하는 것이 훨씬 효율적입니다.

▌ 다음 중 가장 열받는 경우는?

	나	남	
1	↑	↑	나도 오르고 남들도 오른다.
2	↑	⇩	나만 오르고 남들은 떨어진다.
3	⇩	⇩	나도 떨어지고 남들도 떨어진다.
4	⇩	↑	나만 떨어지고 남들은 다 오른다.

1, 3번의 경우에는 남들과 함께 가므로 감정의 변화가 크게 없습니다. 같이 좋고, 같이 위로받을 수 있으니까.

그러나 2번의 경우에는 고객님 혼자만 오르니까 스스로의 실력을 과신하게 됩니다. 반면 4번의 경우에는 혼자 힘든 길을 가야 하므로 외롭고 무섭습니다.

결국 2번은 탐욕에 빠지게 만들고 4번은 공포에 빠지게 만듭니다. 감정에 휩싸여 탐욕에 빠져 사게 되고 공포에 빠져 팔게 되므로 투자에 실패할 가능성이 커집니다.

1, 3번 유형의 투자는 큰 수익을 내기는 쉽지 않지만 안정적으로 투자할 수 있습니다. 반면 2, 4번 유형의 투자는 큰 수익을 낼 수는 있지만 큰 위험에 빠질 수도 있습니다.

따라서 남들과 같이 가는 1, 3번 유형의 펀드와 남들과 달리 가는 2, 4번 유형의 펀드를 적절히 분산하여 투자하는 것이 바람직합니다.

▌ 독사에게 물렸을 때

독사에 물렸을 때 그 독사를 잡으려고 뛰어다니게 되면 오히려 독이 퍼져 더 빨리 죽게 됩니다. 그 때는 빨리 포기하고 치료를 받으러 병원으로 가는 것이 가장 현명한 선택입니다.

현재 재무상태에 문제가 있다고 판단되면 보유한 포트폴리오에 대한 미련을 버리고 하루 빨리 조정하는 것이 바람직합니다.

▌ 적립식펀드와 VUL 비교

고객님께서 프랜차이즈 통닭집을 시작하시려고 하는데,

A라는 브랜드는 가게를 차리는 데 들어가는 비용(기계값, 인테리어, 간판 등)을 전부 본사에서 지원하지만 월매출액의 일정비율을 평생 본사에 납부해야 합니다. 이것을 바로 후취수수료 구조라고 합니다.

반면에 B라는 브랜드는 초기비용을 지원하지 않고 고객님이 모두 부담하셔야 되지만 일정기간이 지나면 본사에 납부해야 할 수수료가 없어집니다. 이게 바로 선취수수료입니다.

고객님께서는 어떤 방식을 선택하시겠습니까?

각각 장단점이 있습니다. 만약 가게를 오래하지 않을 생각이시라면 초기 비용을 모두 부담하면서 할 필요는 없습니다. 따라서 단기로 운영할 때에는 수수료를 후취하는 적립식펀드로 하셔야 합니다. 그러나 장기적으로 큰 돈을 모으시려면 초기에 빨리 비용을 지급해 버리는 선취수수료가 훨씬 유리합니다.

결국 어떤 게 좋고 나쁘고는 고객님의 재무 목표에 따라 달라지는 것이죠.

▌ 한약재는 쓰임에 따라 달라진다.

모든 한약재는 어떻게 쓰이느냐에 따라 약이 될 수도 있고 독이 될 수도 있다고 합니다. 좋은 한약재가 있는 것이 아니라 환자의 상태에 따라 달라지게 되는 것이죠.

명품 구두와 운동화 중 모두가 명품 구두를 신기 원합니다. 하지만 달리기를 할 때는 명품 구두는 아무짝에도 쓸모가 없습니다.

금융상품도 마찬가지입니다. 나쁜 상품은 없습니다. 단지 고객의 상황과 맞지 않는 상품이 있을 뿐입니다.

▌ 프로축구와 동네축구의 차이점

선수들이 하는 프로축구와 일반인들이 하는 동네 축구를 보면 재미있는 차이점이 있습니다.

프로축구는 각각의 포지션이 명확히 정해져 있습니다.

공격수, 수비수, 미드필더, 골키퍼. 그리고 포지션에 따라 움직이는 범위가 명확합니다.

그런데 동네 축구는 어떨까요?

게임을 시작할 때는 형식적으로는 공격과 수비를 나누긴 하지만 게임을 하다 보면 구분이 없어집니다. 심한 경우에는 공이 가는 곳에 골키퍼를 제외한 열 명이 다 몰려 있는 경우도 있습니다.

그렇게 몰려가는 이유가 무엇일까요? 바로 공을 빼앗기 위해서입니다.

그런데 공을 빼앗으면 골을 넣을 수 있을까요?

몰려 다녀서 공을 빼앗으면 골을 넣을 수 있을 것 같지만 결과는 그렇지 않습니다. 공은 빼앗았지만 다들 공 주변에만 몰려 있다 보니 정작 골을 넣을 사람이 없습니다. 자칫 공을 놓치기라도 하면 뻥 뚫린 수비 때문에 실점을 하게 됩니다.

반면에 프로축구에는 명확한 포지션이 있고 어떠한 경우에도 자기 포지션을 지킵니다. 이 경우 당장 공 하나를 빼앗는 것은 쉽지 않아 보이지만 결국 세트 플레이를 통해 골을 만들어 냅니다.

축구라는 게임이 공을 많이 빼앗아 볼 점유율이 높은 팀이 이기는 게임인가요?

아닙니다. 축구는 공을 많이 빼앗은 팀이 이기는 게임이 아니라 골을 많이 넣은 팀이 이기는 게임입니다. 선수가 각각의 포지션에 분산되어 있고 자기 포지션에서 맡은바 역할에 충실하는 것이 골을 넣는 비결이고 결국 골을 많이 넣은 팀이 우승자가 됩니다.

투자도 마찬가지입니다. 고수익을 올리기 위해 몰빵 투자를 하는 사람은 결국

에는 실패합니다. 반면 분산투자를 통해 작은 목표(goal)들을 하나하나 달성해 나가는 사람이 진정한 승자가 될 것입니다.

▌ 놀이공원 이용 방법

놀이공원에 입장하는 방법은 두 가지가 있습니다. 입장권만 끊고 들어가서 놀이기구를 탈 때 이용료를 내는 방법과, 자유이용권을 끊고 들어가서 놀이기구를 무제한 이용하는 방법입니다. 입장권은 저렴하지만 놀이기구를 탈 때마다 매번 돈을 내야 하고, 반면 자유이용권은 비싸지만 추가적인 비용 없이 놀이기구를 이용할 수 있습니다. 둘 중 어느 것이 좋을까요?

얼핏 보기에는 자유이용권이 좋을 것 같지만 상황에 따라 다릅니다.

사람들이 많이 오지 않는 평일날 오전에 가서 하루 종일 놀이공원을 이용한다면 당연히 자유 이용권을 구입해야겠지만 저녁 때 가서 잠시 놀고 나오는 경우라면 입장권을 끊고 들어가서 필요한 경우에만 이용료를 내고 2~3가지 놀이기구를 타고 돌아오는 것이 훨씬 유리합니다.

투자도 마찬가지입니다.

3~5년 단기적으로 투자하실 때는 초기 비용이 적고 그 때 그 때 비용을 지불하는 후취 구조가 유리하지만 10년 이상 장기적으로 투자하실 때는 초기에 비용이 좀 들더라도 향후 비용을 줄이는 선취 구조가 유리합니다.

▌ 계란은 스스로 깨면 병아리가 되지만 남이 깨면 후라이가 된다.

사신의 인생은 사신이 주체적으로 결성해야 한다. 남늘하니까 따라하게 되면 결국 뒷북만 치게 된다.

▌ 복리의 마력 – 돈이 돈을 벌어주는 시스템

산 꼭대기에서 눈을 굴려보신 적이 있으십니까?

눈을 굴릴 때 조그만 눈을 뭉쳐서 10미터 굴리고, 또 조그만 눈을 뭉쳐서 10미터 굴리고…

이런 것을 10번 하는 것하고 한 번 뭉친 눈을 계속 100미터 굴리는 것 하고, 어느 게 더 크겠습니까?

바로 그것입니다. 이자에 이자가 붙는 것, 돈이 돈을 벌어주는 것이 바로 복리의 마력입니다.

사장님께서는 현재 돈이 돈을 벌어주는 시스템을 갖추고 계십니까?

현재는 젊고 건강하시니까 사장님의 몸을 이용해서 열심히 돈을 벌겠지만 언제까지 그렇게 하시겠습니까? 나중에 나이드신 이후에도 과연 지금처럼 몸바쳐 시간바쳐 돈 버실 수 있을까요?

하루빨리 돈이 돈을 버는 시스템을 도입하셔야 합니다. 그게 바로 복리투자이고 복리 효과를 보시기 위해서는 적어도 10년 이상은 장기로 투자하셔야 합니다.

▌ 나에게 맞는 것인지 먼저 파악하자.

퇴근하는 길에 갑자기 사랑하는 가족이 떠올라서 집 앞에서 우유와 빵을 사들고 집에 들어갔습니다.

그런데 집에 가서 보니 낮에 사모님이 우유와 빵을 이미 사 놓았다면 어떨까요?

가족을 생각하는 가장의 마음이야 고맙고 사랑스럽지만 고객님이 사가신 우유와 빵은 날짜가 지나서 버려야 할 지도 모릅니다.

▌ 부동산 올인 VS 자산배분

똑 같은 값으로 소1마리를 살수도 있고 닭100마리를 살수도 있습니다.

그런데 소는 덩치는 점점 커 가지만 한 번 잘못되면 모든 게 끝입니다. 반면에 닭은 작지만 매일 낳아주는 달걀이 있고 하나가 죽어도 별 문제가 없습니다. 어느 것을 선택하시겠습니까?

▌ 내진 설계 방법

지진에 대비하는 내진 설계는 저층건물을 지을 때와 고층건물을 지을 때가 다르다.

저층 건물은 흔들리지 않도록 강하게 짓는다. 그러나 고층 건물을 지을 때도 강하게만 지으면 결국 부러지게 된다. 고층 건물을 지을 때는 지진을 흡수해서 충격을 분산하도록 설계한다.

투자 시장에서는 항상 흔들림이 존재한다. 중요한 것은 흔들림을 무조건 막는 것이 아니라 흔들림을 인정하고 그것을 잘 분산시키는 것에 따라 성패가 좌우된다.

높은 수익을 올리고자 한다면 더더욱 분산 투자가 필요하다.

▌ 2% 수익률 Vs 10% 수익률

2% 수익률의 인생은 혼자서 열심히 고민하고 여기저기 찾아보지만 정확한 정보를 얻지 못해서 지속적으로 실패를 반복합니다. 그러면서도 "짠돌이 클럽"에 가입해서 10원 쓰는 것도 벌벌 떨면서 비참한 생활을 합니다.

빈면 10% 수익률의 인생은 2%의 수수료를 주고 전문가에게 밑겨서 8%를 법니다.

█ 노후준비는 일찍 시작하는 것이 최선이다.

$E = MC^2$ (E: 에너지 M: 질량 C: 속도)

에너지는 질량에 비례해 늘어나지만 속도에는 제곱비례합니다. 질량을 늘리는 것보다 속도를 늘리는 것이 더 큰 에너지를 만들어내는 방법입니다.

노후준비도 마찬가지입니다. 많은 금액을 납입하는 것보다 빨리 가입하는 게 더 중요하다. 일찍부터 시작하면 복리 효과에 의해 훨씬 더 많은 금액을 준비할 수 있습니다.

먼저 시작할수록 올라가는 길이 쉽습니다.

늦게 시작하면 가파르게 올라가야 합니다.

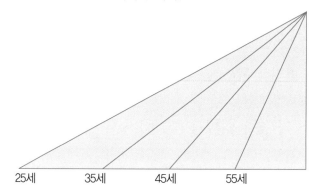

25세   35세   45세   55세

█ 나의 은퇴시점은 누가 결정하나?

고객님의 은퇴시점은 회사가 결정하는 것이 아닙니다. 고객님이 결정하는 것도 아닙니다. 고객님의 막내 자녀가 결정합니다. 막내자녀가 성장해서 독립한다면 고객님께서 일을 하시던 안 하시던 자유로워지겠지만 막내자녀가 독립하기 전까지는 무슨 일이든 하셔야 합니다.

█ 은퇴하면 집 팔고 조용한 곳으로 이사가야지.

만약 고객님께서 회사에서 문제를 일으켰는데, 조용히 처리하는 대신 10% 감봉을 받는 방법과 누구나 아는 한직으로 발령 내는 것 중 하나를 선택해야 한다면 어떤 것을 택하시겠습니까?

인간은 경제적 지위의 하락보다 사회적 지위의 하락에 더 큰 충격을 받습니다. 지금 생각으로는 나이 들어서 지금 살던 곳을 떠나 근교에 작은 아파트 하나 사서 살 수 있을 것 같지만 실제 그렇게 하신 분들은 사회적 소외감과 외로움을 크게 느끼고 계십니다.

█ 저축률을 보고 친구를 사귀어라.

저축률이 20% 미만인 사람과는 친하게 지내라. 소비가 크므로 밥을 잘산다. 하지만 오래 친하게 지내면 안된다. 나중에 늙어서는 모아둔 돈이 없어서 돈 빌리러 올 것이다.

저축률이 70% 이상인 사람은 1년에 한두 번만 만나 적절한 관계만 유지해라. 지금 만나면 당신이 밥을 사야 한다. 하지만 늙어서는 여유있게 베풀 것이다.

█ 행운과 행복

네잎클로버의 꽃말을 아십니까? "행운" 입니다.

그런데 우리는 네잎클로버를 따기 위해 수많은 세잎클로버를 밟고 있습니다.

그럼 세잎클로버의 꽃말은 무엇일까요? "행복" 입니다.

혹시 당신은 행운이나 일확천금만 바라보니 작고 소중한 행복들을 포기하고 있진 않으십니까?

▌가장 불행한 죽음

가장 불행한 죽음은 죽는 순간에 가장 많은 재산을 가지고 있는 사람입니다. 하늘나라에 가지고 가지도 못할 재산이 많이 있으면 뭐하겠습니까? 그리고 자식들이 그 재산을 나누는 과정이 과연 수월할까요?

▌부자와 가난한 사람의 차이

부자는 돈을 관리하고 불리는 데 관심이 많다. 반면 가난한 사람들은 돈을 가지기 바라지만 정작 돈을 갖게 되면 쓰기 바쁘다.

가난한 사람은 복권에 당첨되는 꿈을 꾸면서 어디에 써야 할지를 생각한다. 그러나 부자는 복권에 당첨된 돈을 어떻게 더 크게 불릴지 생각한다.

전 세계의 재산을 모두 회수해서 모든 사람에게 공평하게 배분하면 어떻게 될까? 하루만 지나면 다시 부자와 가난한 사람이 갈린다. 본인의 평소 습관이 문제다.

▌재무설계사 = 셀파

뒷산을 올라갈 때와 히말라야를 올라갈 때 복장과 준비하는 것이 다르다. 뒷산을 올라갈 때는 혼자 가도 되지만 히말라야를 올라갈 때는 셀파의 도움이 필요하다. 셀파의 역할을 하는 것이 바로 재무설계사다.

▌재무설계 십계명

1. 인생의 목표를 세워라.

목표 없는 인생 설계는 기초 공사 없이 건물을 올리는 것이다.

2. 소비를 조절하라.

소비를 무조건 줄이라는 것이 아니라 계획적인 지출을 하라는 것이다.

3. 자신의 목표와 맞는 상품을 선택하라.

나쁜 상품은 없다. 자신의 목표와 맞지 않는 상품이 있을 뿐.

4. 분산해서 투자하라.

분산하는 것이 한두 가지에 올인하는 것보다 더 안정적이고 높은 수익을 가져온다.

5. 한 가지 기능에 충실한 전문 상품을 선택하라.

이것 저것 다 되는 상품은 한 가지도 제대로 되는 게 없는 상품이다.

6. 원칙에 따라 꾸준히 투자하라.

성공적인 투자는 수익률이 아니라 지속성에서 결정된다.

7. 노후는 자산이 아닌 꾸준한 소득으로 준비하라.

언제 없어질 지 모르는 황금보다 매일 알을 낳아주는 거위가 더 소중하다.

8. 정기적으로 모니터링 하라.

1~2년 단위로 정기적으로 포트폴리오를 점검해야 한다.

9. 전문가에게 맡겨라.

복잡다양한 금융환경에서 전문가가 아니면 올바른 재무설계가 어렵다.

10. 재무설계의 가장 큰 목표는 필요할 때 필요한 만큼만 있는 행복한 삶이다.

행운이나 일확천금이 아니다.